职业生涯起跑

大学生职业发展及就业指导研究

王达苗 ◎ 著

·北京·

图书在版编目（CIP）数据

职业生涯起跑：大学生职业发展及就业指导研究 / 王达苗著. —北京：科学技术文献出版社，2022.3
ISBN 978-7-5189-9007-8

Ⅰ.①职… Ⅱ.①王… Ⅲ.①大学生—职业选择—研究 Ⅳ.① G647.38

中国版本图书馆 CIP 数据核字（2022）第 053713 号

职业生涯起跑：大学生职业发展及就业指导研究

策划编辑：张 丹 责任编辑：李晓晨 侯依林 责任校对：张 微 责任出版：张志平

出 版 者	科学技术文献出版社	
地 址	北京市复兴路15号 邮编 100038	
编 务 部	（010）58882938，58882087（传真）	
发 行 部	（010）58882868，58882870（传真）	
邮 购 部	（010）58882873	
官 方 网 址	www.stdp.com.cn	
发 行 者	科学技术文献出版社发行 全国各地新华书店经销	
印 刷 者	北京虎彩文化传播有限公司	
版 次	2022年3月第1版 2022年3月第1次印刷	
开 本	710×1000 1/16	
字 数	179千	
印 张	13	
书 号	ISBN 978-7-5189-9007-8	
定 价	48.00元	

版权所有　违法必究

购买本社图书，凡字迹不清、缺页、倒页、脱页者，本社发行部负责调换

前　言

随着中国经济体制改革，以及高等教育从大众化迈向普及化阶段，中国每年普通高等学校毕业生人数逐年增加，2021年达909万人。大学毕业生数量的逐年上升，使得原本就紧张的就业形势更加严峻，此背景下大学毕业生的就业率及职业发展前景越来越受到党、国家、社会的高度重视。

就业是关乎社会和经济发展的重要民生事件，党的十九大报告就曾针对就业问题提出了指导性意见：提高就业质量和人民收入水平。要坚持就业优先战略和积极就业政策，实现更高质量和更充分就业。大规模开展职业技能培训，注重解决结构性就业矛盾，鼓励创业带动就业。提供全方位公共就业服务，促进高校毕业生等青年群体、农民工多渠道就业创业。破除妨碍劳动力、人才社会性流动的体制机制弊端，使人人都有通过辛勤劳动实现自身发展的机会。

对于大学生而言，就业不仅是其面临的重大抉择，也是其人生极为重要的转折点，严峻的就业形势虽然带给了大学生极大的压力和挑战，但同时也为大学生带来了更多的机遇。如何以良好的状态参与就业竞争，如何为自身的职业生涯发展奠定扎实的基础，是每个大学生都需要冷静思考的问题。

本书由大学生职业发展篇和大学生就业指导篇两个部分构成。

其中，大学生职业发展篇以职业认知和职业发展基本理论为基础，旨在引导大学生强化自我认知并形成正确的职业观念，由基础·认识职业及职业发展、工具·大学生的职业生涯规划、内视·自我认识和职业发展探索、协同·大学生的环境认知、职业决策及目标等四章组成；大学生就业指导篇则旨在引导大学生认识严峻的就业形势，并有针对性地学习就业技巧和培养就业初期的自我调适能力，由准备·大学生就业形势认识及就业准备、提升·大学生就业过程中的实用技巧、掌控·大学生就业初期的自我调适技巧等三章组成。本书希望通过这两个部分对大学生的职业发展和就业技巧进行详尽分析和研究。鉴于作者水平有限，书中难免存在疏漏及不足，恳请各位同行、专家学者予以斧正。

目 录

大学生职业发展篇

第一章 基础·认识职业及职业发展 ······················· 3
    第一节 职业的概念及特征 ······················· 3
    第二节 职业分类及意义 ························· 9
    第三节 职业生涯发展理论 ······················· 19

第二章 工具·大学生的职业生涯规划 ····················· 29
    第一节 职业生涯规划的基本理论 ················· 29
    第二节 影响大学生职业生涯规划的因素 ··········· 35
    第三节 大学生职业生涯规划的步骤和方法 ········· 42

第三章 内视·自我认识和职业发展探索 ··················· 52
    第一节 大学生的自我认识、定位和管理 ··········· 52
    第二节 职业性格和职业兴趣探索 ················· 59
    第三节 职业价值观和职业能力探索 ··············· 75

第四章 协同·大学生的环境认知、职业决策及目标 ········· 89
    第一节 家庭环境与学校环境认知分析 ············· 89
    第二节 社会环境和职业环境认知分析 ············· 100
    第三节 大学生的职业决策及职业目标 ············· 106

大学生就业指导篇

第五章 准备·大学生就业形势认识及就业准备 122
第一节 社会就业形势的认知和树立就业观 122
第二节 大学生就业前的软材料准备 132
第三节 大学生就业前的求职准备 146
第四节 大学生的就业权益、法律保障、陷阱及防范 153

第六章 提升·大学生就业过程中的实用技巧 160
第一节 大学生就业信息的搜集、分析及择业技巧 160
第二节 就业求职过程中的礼仪知识 167
第三节 大学生求职时的面试与笔试 172

第七章 掌控·大学生就业初期的自我调适技巧 177
第一节 大学生就业困难的原因及相关对策 177
第二节 大学生择业和就业初期心理调适技巧 182
第三节 大学生就业初期角色转换、环境及人际关系适应 188

参考文献 199

大学生职业发展篇

第一章 基础·认识职业及职业发展

第一节 职业的概念及特征

现实生活之中,人类的生存生活与职业活动紧密联系,甚至可以说职业活动贯穿人类的一生。人类在幼年就会开始接受各种教育或培训,这些活动均是在为未来的职业活动做准备。人从青年时期开始职业生涯,到最终离开职业岗位退休,乃至人生终结之前,无时无刻不在参与各种职业活动,可以说职业活动是人类一生中极为重要的一部分社会生活。

一、职业的概念

不同的人从不同的角度会对职业产生不同的认知。例如,基于个人和生存角度而言,职业是一种通过特定职业活动获得利益的行为;基于社会而言,职业是拥有劳动能力的人从事各种力所能及的劳动、发挥个人能力,从而为社会做出贡献的活动。

有人认为职业是某一类工作,如教师、医生、律师等;有人认为职业是一种为个人提供生活来源的活动;有人则认为职业是一种专业类别,如农民、工人、知识分子、军人、商人等。

从上述对职业的认知来看,这些对职业的定位和概念都没有错误,也就是说对于职业的概念,社会上并无完全统一的标准。较为全面且普遍认可的职业概念:职业是参与社会分工、利用专门的知识和技能、为社会创造物质财富和精神财富、在此过程中获取合理的报酬作为个人物质生活的来源,并满足自身精神需求的工作或活动。综合而言可以从两个角度来认知职业的概念,即社会角度和个人角度。

（一）从社会角度认知职业

1. 社会分工

从社会角度认识职业首先需要明确什么是社会分工。社会分工是对各种劳动进行社会划分，并使劳动独立化和专业化的过程，对人类而言，没有社会分工就没有交换，也就无法出现社会经济和社会市场，以如今的社会模式来看，没有社会分工的社会将难以正常运转。

进行社会分工的最大优势就是能够让擅长的人做自己擅长的事，从而缩短平均社会劳动时间，促进生产效率的提高和保证人才利用率。社会分工并非人类独创，动物界为了提高生存优势，同样具有非常明显的社会分工。例如，以狮群而言，雄狮擅长打斗和捕猎，所以负责狩猎和守卫家园[①]，而雌狮则擅长养育，所以负责维系家族稳定和安定；以蜜蜂而言，其社会分工则会以幼虫发育情况来决定，雌性蜜蜂在幼虫期一直食用蜂王浆就会发育为蜂王，主要负责繁殖，而无法在幼虫期一直食用蜂王浆的蜜蜂，会发育为不育的工蜂，主要负责采蜜、建巢、养育幼虫等。

社会分工源自群居动物为了群体更好地生存并提高群体工作效率，人类的社会分工同样源自群居生活，只是最初的社会分工属于自然分工，在自然分工的基础上随着生产力的提升而逐步完善和发展并形成，从此角度来看，只要人类社会不断发展，社会分工就会不断变动。

以人类发展路径来分析，整个人类的社会分工可以分为3次。

第一次是原始社会中级阶段的畜牧业与农业的分离，最终形成了牧民和农民的分工，同时也推动了原始社会向奴隶社会的发展过渡。

第二次是农业和手工业的分离，最终形成了手工作坊和手艺工人，实现了农民和工人的分工，这次分工促成了以交换为目的的商品生产，即推动了交换的发展，人类社会首次出现了货币商品。

第三次是商品交换基础上出现的不从事生产，只从事交换的商人阶级，完成了农民、工人和商人的分工。商人作为社会中各生产者间的中间人，促进了商品生产和阶级差距，最终推动了国家的产生。这一次社会分工推动了文明的延续和发展，意味着人类开始进入文明时代。

---

① 褚德清，尹克寒，宋婷. 大学生职业生涯规划与就业指导[M]. 成都：电子科技大学出版社，2019：5-8.

2. 基于社会分工的社会职业

从社会发展的角度来看，职业是劳动者获得的某类社会角色，在担任该角色的过程中劳动者要为社会承担一定的责任和义务，并获取对应的报酬；从社会经济发展所需人力资源的角度来看，职业是具有专业分类的劳动岗位，有不同性质、不同形式、不同内容、不同行为模式和操作规则；从社会生产的角度来看，职业是社会分工的最终结果，在一定社会分工的推动下出现的各种社会角色，在担任该角色时持续发展就形成了职业；从社会学的角度来看，职业是一种社会发展现象，即人类为了发展和谋生所从事的一种有薪酬且相对稳定、拥有一定专业度的社会劳动。

随着人类社会的快速发展，社会分工也开始越来越细化，这就促进了职业的快速发展，很多新兴职业开始不断涌现并代替原本无法跟随时代变迁而退出社会的职业，最终形成了如今多种多样的社会职业。

（二）从个人角度认知职业

从个人角度来看，每一个拥有劳动能力的人想要在社会中生活下去，就需要从事一定的生产劳动和工作。一方面是承担社会发展的义务，促进社会的进步；另一方面则是获取报酬以维持生活所需，并发挥自身专长来实现精神满足。

通俗来说，个人角度的职业就是自身在社会生活中所扮演的一系列社会工作角色，目的是为了个人未来的生活和发展。其包含以下3个层面的内容：一是从事职业的目的是为了谋生及未来，即在考虑报酬的过程中还需要考虑未来的职业情况；二是个人的专长特性，选择职业时最好能够选择自身拥有的专业知识和技术能力的方向，这样才会不断提高专长，从而提高竞争力；三是职业并非绝对稳定的存在，其稳定性和个人的发展期望及社会发展需求息息相关。

从以上分析可以看出，即使仅从个人角度认知职业，也需要和社会发展相契合，也就是说认识职业必须将其置于社会组织的范畴之中，不仅需要考虑到个人需求和情况，还需要考虑到社会的需求和情况。职业就是个人与社会、个人与群体的交接点。

（三）职业概念多维界定

单就职业主体而言，从不同角度也会有不同的职业概念。

从职业性质的角度来界定，职业是一个人为了不断获取报酬而连续从事的具有一定市场价值的社会活动，该活动将决定从业者的社会地位，所以职业的概念具有个人获取报酬维持生计和对社会有所贡献的特殊性质。

从职业要素的角度来界定，职业应具备经济性、技术性和社会性3个要素，还有学者指出职业要素还应包括伦理性和连续性。经济性指的是从事职业者可获取报酬；技术性指的是能够发挥出个人的专长和才能；社会性指的是职业包含在社会分工中，能够承担对应的社会生产任务，可以促进个人履行公民义务；伦理性指的是职业须符合社会需求，能够为社会提供一定的价值；连续性指的是职业应相对稳定不会中断。

从职业关系的角度来界定，职业是一种形成特定模式，并与特殊工作经验相关的人群关系，这种工作关系的整合最终形成了职业结构和职业意识形态。中国管理专家程社明则认为职业涉及的关系极为广泛，包括个人与社会的关系、工作与生活的关系、知识及技能与创造的关系、创造与报酬的关系，是个人价值、社会价值、行为价值、生活价值的综合展现。

综合来看，职业在某种程度上决定了一个人的未来，职业作为社会分工的产物和个人的生活及发展息息相关。其不仅是个人的一种特定生活方式和生活的物质基础，也是个人在社会中的角色定位和从事社会活动的主要领域，还和个人生活中的各个层面息息相关，如家庭状况、社会关系、精神追求等。

二、职业的特征

职业是个人在社会中获取主要生活来源、维系各类关系、实现自身追求及价值而从事的活动，其主要包括以下几种特征。

（一）职业的时代性

任何一种职业都不是一成不变的，随着社会的发展和时代的变更，以及在不同的社会分工和社会需求推动下，在特定的社会发展阶段同类职业的性质和内容会有很大的变化。例如，随着科学技术的发展和人类生活方式的变化，职业也具有了极为鲜明的时代性，同一职业在不同时代背景下，会表现出不同的时代"烙印"：几十年前的销售人员需要不断奔波于各地推销产品，而如今的销售人员则可以通过网络、移动通信、媒体广告等推销产品。

随着社会的发展和社会分工的逐步细化，不同时期会出现不同的职业，也会有一些职业被淘汰，甚至会有同名称的职业，但其内容发生了根本性变化。

（二）职业的社会性

职业是社会分工的具体表现，其代表的是劳动者之间的关系、劳动者和劳动资料（劳动过程中运用的物质资料和条件）之间的关系，同时劳动者生产的产品进行交换，也代表着不同职业间的劳动交换关系。这些关系的形成均具有极强的社会性，包括不同职业间的等价关系和劳动成果的价值关系等。

另外，职业会随着社会的发展而不断产生变化。随着社会的进步，社会分工越来越精细，使职业种类越来越多，不同种类的职业的差别也越来越明显，从而导致了职业的多样性。社会产业结构的变化会推动新行业和更多新职业的诞生，这同样属于职业的社会性。

（三）职业的规范性

职业的规范性即职业规范，是从事职业活动时必须遵循的规范，其属于社会规范的范畴，是社会规范的重要组成部分。职业的规范性包含两部分内容：一是职业内部的规范性，即从事该职业需要遵循其操作的规范要求，以确保职业活动的专业和准确；二是职业道德的规范性，即在从事职业过程中，展现其职业服务时还需要遵循道德规范、社会风俗习惯、避免社会禁忌等。

职业的规范性通常会以法律法规、组织章程、各类条约与守则、操作规则与章程，以及一些约定俗成的非正式规范来体现，职业活动过程中受到职业规范的约束和监督。

（四）职业的专业技术性

任何一种职业均有其特定的专业知识和专业技能，以及对应的职业道德规范等，职业者就是在从事对应的专业性劳动，而且很多职业随着社会的发展和科技的进步，越来越专业化，精细度也越来越高。例如，果农需要掌握农业的基本专业知识，包括产品品种、耕作模式、土壤需求、季节特性、种植方式等，还需要具备对应农作物的特殊性知识；而随着科技的进步和社会的发展，现今的果农不仅需要具备上述的专业知识和技能，还需要契合社会需求，包括食用者的个性化需求、机械化种植技能、生态管理能力等，作为果农所需的专业性越来越高。其他职业也同样如此。

此外，任何一种职业都具备一定的技术规范和技术含量，通常需要进行专门的学习和训练，这就是职业的技术性。随着社会的发展，对职业的技术性要求也越来越高，因此在从事任何职业之前，均需要花费一定的时间和精力去针对性地进行技术学习。

职业的专业技术性造就了职业的巨大差异性，中国自古就有"三百六十行，行行出状元"的俗语，其不仅是指职业的多样化，还指明了其专业性和技术性。随着科技的发展和进步，社会分工更加细化，也就分化出了越来越多的新兴职业，不论哪种职业均需要特定的知识和技能，只有符合特定的需求，才能称得上是合格的职业者。

（五）职业的稳定性

通常一种职业诞生后不会快速消逝，而是会相对稳定地存在于社会中很长一段时期，并随着社会生产力的发展和进步而不断完善和发展。其中有很大一部分重要职业，不会因为社会形态的变化和更替而消逝，而是继续稳定而持久地存在，其中最明显的就是与农业、手工业相关的职业，以及与产品交换相关的商业类职业，这几项均诞生于早期人类社会，但至今依旧在人类社会活动中占据着非常重要的位置。

（六）职业的经济性

职业的经济性主要体现在职业所承担的个人物质需求和社会物质需求两个方面：就个人而言，职业是个人赖以谋生的劳动，通过恰当的职业活动获取报酬，才能够满足个人物质方面的需求；就社会而言，依托于社会存在的职业，只有满足社会的需求，才能够被留存并发展下去。

也就是说，职业活动必须能够同时满足个人经济需求和社会功利需求，即在促进个人物质生活更加优良的基础上，促进整个社会的发展，社会的发展也可以推动个人追寻精神财富，只有这样，职业才具有旺盛的生命力和深层的意义。

第二节　职业分类及意义

自职业诞生以来，社会与职业的发展就一直处于相互促进的状态。随着职业的发展逐步完善，为了形成与之相匹配的管理体系，职业分类应运而生。可以说，职业分类是社会、职业发展的客观产物，也在一定层面反映了特定社会发展阶段的社会管理水平。

一、职业分类及特征

职业分类的基本依据通常是职业工作性质的同一性，即某一种职业区别于其他职业的根本属性，其可以通过从事职业活动的对象、方式等体现。

（一）职业分类的概念

职业分类指的就是运用一定的标准和方法，并按照一定的分类原则，对从事的各种专门化、专业化的职业进行全面而系统的划分，并对职业进行科学的归类和统计。

职业分类的概念就决定了采用不同的标准和方法，会拥有不同的职业分类模式，但总体而言可以将职业分类定义为对职业的划分及归类。职业的划分就是根据不同职业活动的工作相似度及差异度对职业进行划分，职业的归类就是根据不同职业活动的工作特征相同程度对职业进行科学归类。

（二）职业分类的特征

职业分类拥有以下五个特征。

其一，具有产业特征。从宏观角度来看，一个国家和社会共有3类产业：第一产业是基础类产业，包括农业、林业、牧业、渔业等；第二产业是工业类产业，包括制造业、建筑业、采掘业、生产业等；第三产业是公共服务业，包括餐饮业、娱乐业、出版业等。

不同产业的比重会随着社会发展状况的变化而不断产生变化，如在传统农业社会（以农业类职业为主的时代），基础类产业的人口比重最大；工业革命之后，社会进入工业化时代，工业类产业的从业人数开始显著增加；随着科技的快速发展、经济的快速提升，公共服务业的从业人数开始显著增加。

这种社会产业重心的转变，推动着职业分类开始向细致化、专业化靠拢，也就是职业分类的产业特征。

其二，具有行业特征。通常，行业是根据生产和工作单位所生产的物品或提供的服务来区分，其代表的是从业者所在工作单位的工作性质。例如，能源行业代表其工作单位的主要工作方向是能源物质的研发、生产、制造、供给等；建筑行业代表其工作单位的主要工作方向是房屋、桥梁、道路、厂房等建筑的设计、建造、运营等。

不同的行业产出的物品或提供的服务会有巨大的不同，而职业分类就需要将这些行业的不同清晰地体现出来，这就是职业分类的行业特征。

其三，具有职位特征。职位就是对应职业位置所拥有的职权和责任的集合体，职权和责任不仅是对应职位的功能，也是其基本的组成要素，通常同一职位所拥有的职权相同、责任一致。例如，教师代表的是具有教育能力和教育责任的一类职业，根据不同职权范围和责任范围，可细分为助教、讲师、教授等。

其四，具有组群特征。无论如何进行职业分类，细分的职业均具有明显的组群特征，如科研职业可以囊括经济学研究方向、社会学研究方向、工学研究方向、医学研究方向等；工人职业可以囊括搬运工、木工、修理工、清洁工等。

其五，具有时代特征和空间特征。时代特征就是职业分类会随着社会的发展不断产生变化，这一点从社会分工的发展过程就可见一斑。初始的社会分工是畜牧业和农业的分离，从而形成了牧民和农民两大职业，而如今，农业涵盖的职业极多，如粮农、菜农、棉农、药农等，具有非常明显的时代特性。空间特征就是职业分类会因国别、地域的不同而出现差别。这一点从全球100多个国家拥有100多套职业分类体系就可见一斑。

（三）具体的职业分类

具体的职业分类可以从两个角度来分析：一个角度是国际标准职业分类；另一个角度是中国职业分类。

1. 国际标准职业分类

国际标准职业分类是依据不同职业的主要职责或其具体从事的工作来分

类。分类方法较为普遍，也便于提高国际职业统计资料的可比性，以及进行国际不同职业的国际交流。国际标准职业分类有8个大类、83个小类、284个细类和1506个职业项目。国际标准职业分类（8个大类）如图1-1所示。

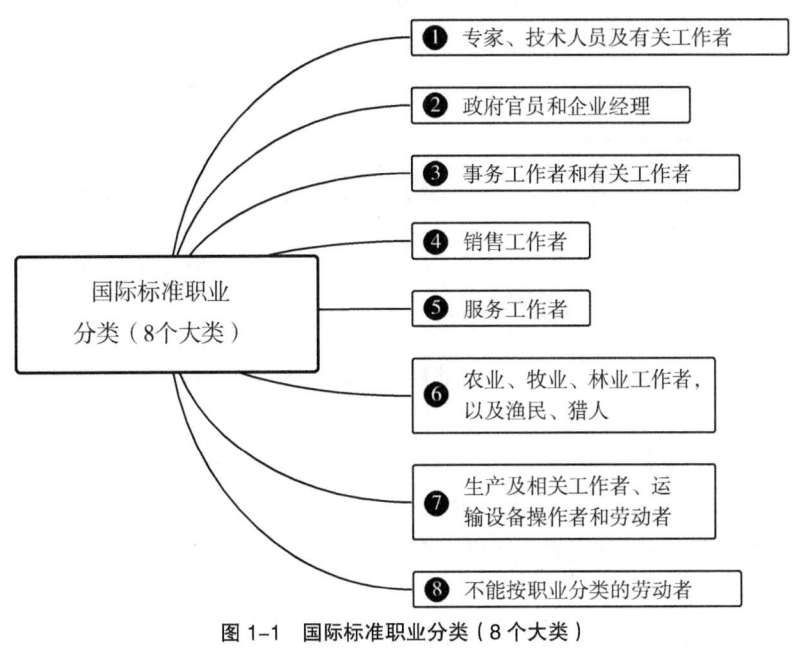

图1-1　国际标准职业分类（8个大类）

2. 中国职业分类

中国职业分类根据不同部门公布的标准和需求，主要有两类。

（1）《中华人民共和国职业分类大典》

《中华人民共和国职业分类大典》源自1986年首次颁布的、由国家统计局与国家标准局参照国际标准职业分类及分类方法编纂的《职业分类与代码》（GB/T 6565—1986）。在颁布该国家标准的同时，国家也正式启动了编制国家统一职业分类标准的工程。首次颁布的职业分类有8个大类、63个中类和303个小类。《职业分类与代码》中的职业分类（8个大类）如图1-2所示。

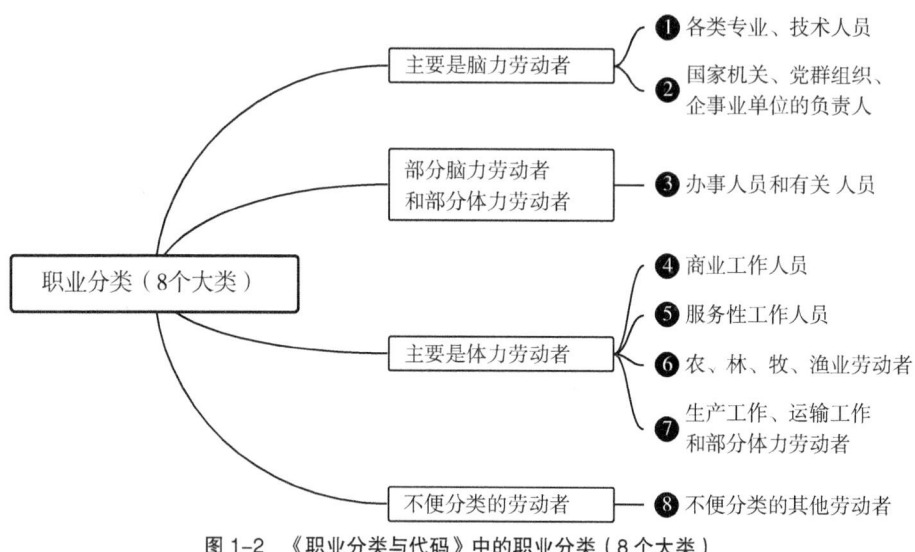

图1-2 《职业分类与代码》中的职业分类（8个大类）

1992年，国家多部委编制了《中华人民共和国工种分类目录》，其根据管理工作的需要，按照工作的性质和工作技术特点，容纳了当时中国近万个工种，最终划分为46个大类和4700多个工种，为进一步做好职业分类工作奠定了坚实的基础。

20世纪90年代中期，随着改革开放的快速推进，中国的经济社会领域发生了巨大变革，对人力资源管理体系提出了全新的要求和挑战。为了适应社会发展需求，国家提出要制定各种职业的资格标准和录用标准，并于1995年2月成立了国家职业分类大典和职业资格工作委员会。历经4年的努力，《中华人民共和国职业分类大典》于1998年12月编制完成，并于1999年5月正式颁布并实施，于2015年7月完成了最新修订[①]。大典的职业分为8个大类、75个中类、434个小类和1481个细类职业。《中华人民共和国职业分类大典（2015年版）》中的职业分类如图1-3所示。

---

① 褚德清，尹克寒，宋婷.大学生职业生涯规划与就业指导[M].成都：电子科技大学出版社，2019：11-12.

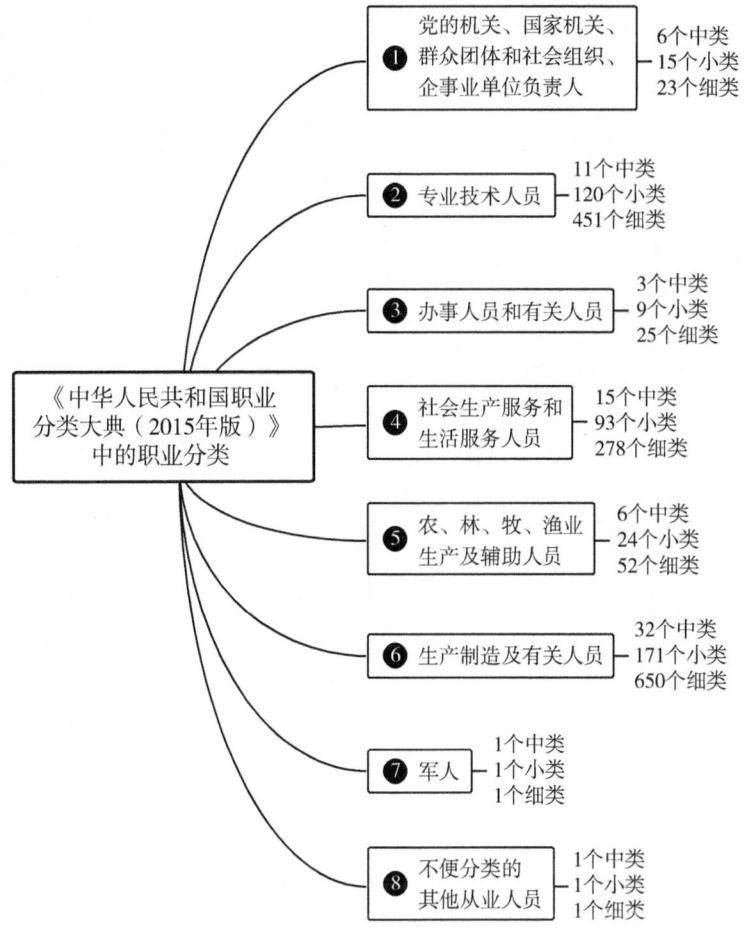

图1-3 《中华人民共和国职业分类大典（2015年版）》中的职业分类

（2）《国民经济行业分类和代码》

《国民经济行业分类和代码》经国家发展计划委员会、国家经济委员会、国家统计局、国家标准局批准，于1984年发布、并于1985年实施的国家标准。其主要按企业、事业单位、机关团体、个体从业人员等所从事的社会经济活动性质的同一性进行分类。行业分类于1994年、2002年、2011年、2017年分别进行了修订，目前执行标准为GB/T 4754—2017，包含20个门类、97个大类、447个中类和1199个小类（图1-4）。

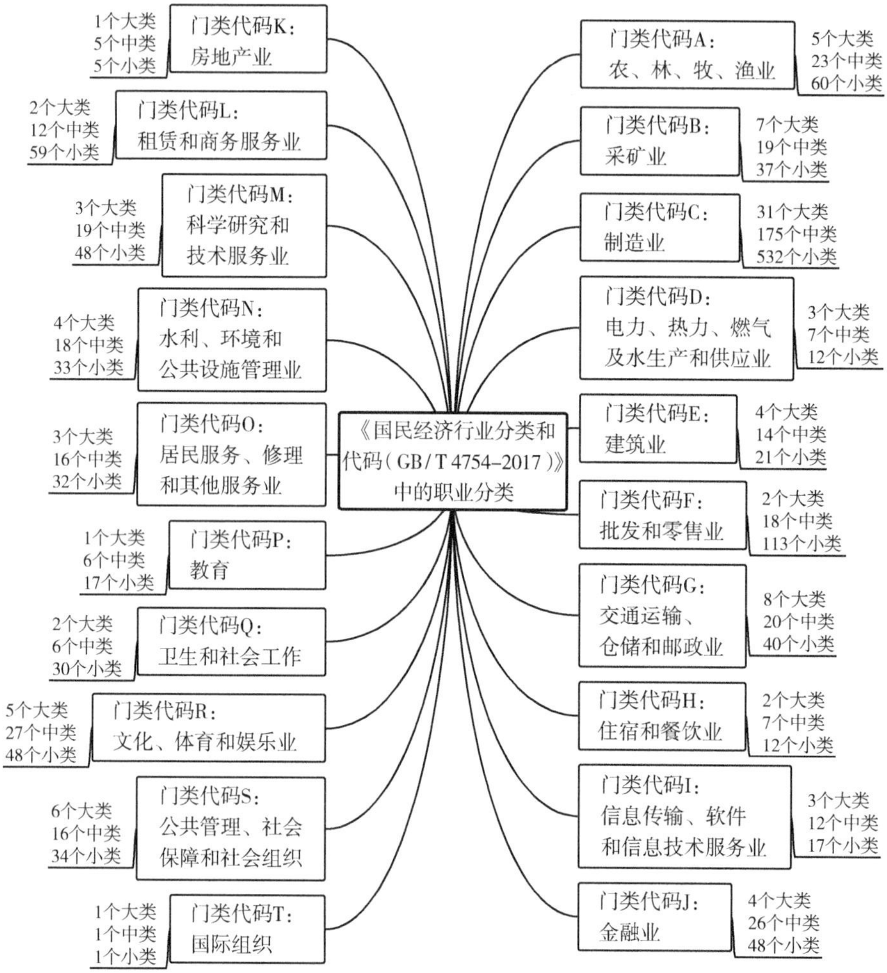

图 1-4 《国民经济行业分类和代码（GB/T 4754—2017）》中的行业分类

除以上两个类型的分类外，为了保证各地劳动力市场能够科学和规范地使用职业分类与代码，以便有利于劳动力市场的信息联网，劳动和社会保障部根据 1999 年修订的《职业分类与代码》和《中华人民共和国职业分类大典》制定了《劳动力市场职业分类与代码（LB501—2002）》，其将职业分为 6 个大类、56 个中类、238 个小类和 18 个细类（图 1-5）。

第一章 基础·认识职业及职业发展

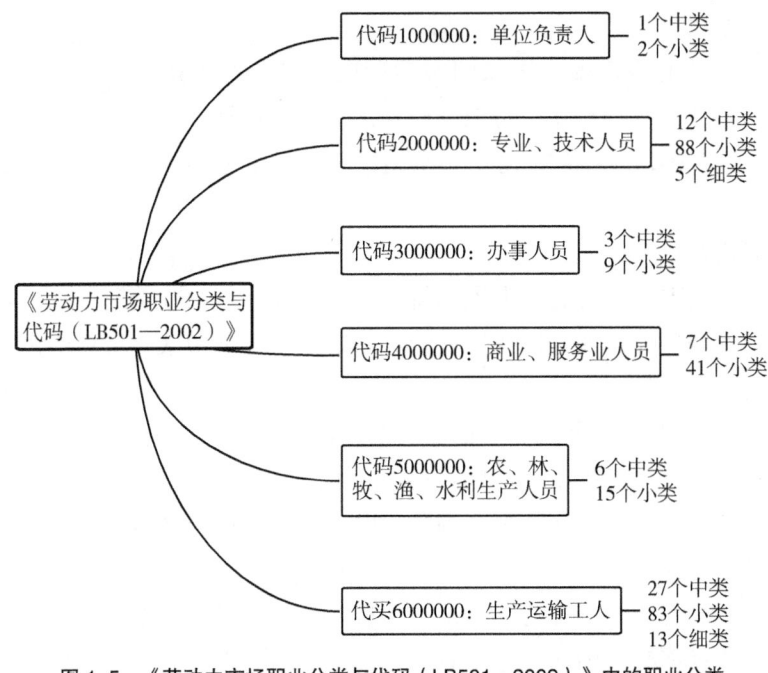

图1-5 《劳动力市场职业分类与代码（LB501—2002）》中的职业分类

二、职业分类的指导原则、作用和意义

（一）职业分类的指导原则

社会的快速发展会推动职业的发展，因此职业分类的标准、方法、内容等也通常会处于不断变化的状态，只有基于一定的指导原则才能对职业进行全面、系统的划分，同时又能够随着社会的变化而不断完善。职业分类的指导原则主要有以下几项。

1. 客观性

职业分类需要遵循职业活动本身的内在规律，即能够客观地反映出社会分工的实际状况，主要体现在层次性方面。层次性指的是职业分类能够准确体现社会和国家的产业、行业、职业三大层次的主要特征，从中国具体的职业分类可以看出，中国职业分类中的大中小（细）就分别体现了产业特征、行业特征和职业特征。

15

2. 普适性

职业分类的确定要从国家的实际情况出发，需要具备强普适性，即充分考虑到不同产业和行业，乃至部门和岗位的工作性质、技术特点、工作条件、组织情况等，制定的职业分类要适用于国家的发展、管理等各方面的实际需求。

3. 时代性

职业分类需要结合时代发展的特点，跟踪和体现出社会科技、产业结构和经济的发展情况，如全球化发展趋势与国际化发展模式、工业经济向知识经济过渡的特性等。

随着互联网的发展，全球化发展已经成为社会发展的必然趋势，因此职业分类需要在一定程度上与国际接轨，可以研究和借鉴国际上较为科学和先进的职业分类方式，将其融合到国家职业分类之中，促进职业分类的范本化，最终能够适应国际发展需求。

另外，随着社会经济的快速发展和科技的快速进步，整个人类社会开始逐步从工业经济时代向知识经济时代过渡，很多原本代表工业经济时代的传统职业开始衰落，而很多与知识经济相对应的新兴职业开始不断涌现，在此背景下，职业分类需要体现出这一社会发展趋势和时代特性。

4. 开放性

职业分类是一项一直处于变化状态的工作，即随着社会的发展，会不断有旧职业消逝，同时又会不断有新兴职业诞生；另外，职业自身也处于不断发展状态，一些过去通用技能类职业，可能会发展为更专业化的职业，而一些过去专业化技能，也可能会发展为通用技能类职业。

基于此，职业分类过程中必须要遵循开放性原则，即能够随时根据社会发展状态与需求、产业结构与经济结构、企业发展变动等，对划分好、归类好的职业进行删减和增补。

2021年3月18日，中国人力资源社会保障部发布了第4批新职业，包括18个新兴职业，其中有数字化技术的发展催生而出的新职业，如电子数据取证分析师、密码技术应用员等；企业的高质量发展需求所孕育出的新职业，如企业合规师、公司金融顾问等；基于绿色发展理念和食品安全的要求所孕育出的新职业，如食品安全管理师、碳排放管理员等；植根于人类对美好生活需求，派生出的新职业，如调饮师、二手车经纪人、建筑幕墙设计师、服务机器人应用技术员等。

5. 层次性

随着社会的快速发展，构建了一个庞大且复杂的职业体系，其中具有成千上万的职业种类。如此庞大的职业体系，需要通过不同的层次进行科学的区分，只有这样才能确保职业分类的科学性和逻辑性。例如，不同的国家会根据自身不同的发展情况，将职业分为3～4个层次。中国职业分类中就有大中小3个层次，以及大中小细（门大中小）4个层次的划分方式。

（二）职业分类的作用和意义

1. 职业分类的作用

职业的发展和社会的发展息息相关，随着人类经济的发展、科技的进步、产业结构的不断调整，对应的职业结构也发生了巨大的变化。

职业分类最主要的作用就是通过对现有的职业结构进行科学分析和研究，并对职业进行科学的分类，规范现有职业的名称和含义，从而明确从事职业活动的人员的相关职责、任务、规范等，以便为社会的经济管理和职业管理提供理论基础。其具体作用体现在以下几个层面。

一是能够客观反映国家的产业、经济、科技等不同领域的发展程度和结构变化。通常一个国家的产业结构、经济结构和科技水平会在很大程度上影响社会职业的分类构成，采用科学的手段对全社会各从业人员的职业进行研究分析，并按照职业的不同性质、不同活动方式、不同行为规范、不同技术需求、不同管理需求等进行系统的划分和归类，最终形成的就是科学的职业分类。

二是能够成为全国家人口普查的规范化依据和经济信息统计的基础依据。国家人口统计、调查，职业岗位的需求预测、统计，国家发展方向的调控、转变，均离不开科学的职业分类，以科学的职业分类为依据，国家能够更好地把控未来的发展方向和国民经济信息的统计。

三是实现对从业人员进行现代化、规范化和科学化的管理。中国地大物博且人口众多，人力资源异常丰富，在拥有科学的职业分类的基础上，能够更好地对就业结构、就业人口发展趋势进行分析，并根据分析对从业人员进行需求预测和规划管理，最终达到高效利用人力资源、充分开发人才潜力，达成社会资源合理配置，实现国家层面对整个人力资源体系进行科学且规范的管理。

四是为就业服务和职业教育提供恰当的条件。科学的职业分类不仅对职业的名称和定义进行了描述，也对职业活动的基本特点进行了描述，使就业者可以根据科学的职业分类对职业进行了解，从而实现科学的就业服务。另外，同类别的职业活动所需要的职业技能、职业知识和能力等有一定相似性，但又有细节上的差别。科学的职业分类，能够为职业教育提供教学内容参照，从而满足职业发展的需求。

五是促进国家职业资格证书制度的建设和完善。只有在科学的职业分类基础上，才能够制定出科学的职业标准和职业规范，也才能够依照标准和规范对从业者进行培训和考核，从而完善职业资格证书制度的"一条龙"运作。

2. 职业分类的意义

科学的职业分类的意义主要体现在与职业相关的应用方面，包括对社会劳动需求的规划和预测、对就业结构和就业趋势的统计和分析、对促进职业教育的完善、对职业资格证书制度的建设等。其具体的意义体现在以下几个方面。

首先，科学的职业分类会将工作性质相同的职业归为一类，其通常具有共同的特点和规律，这样不仅有助于国家更好地管理，还可以根据细分类别中不同的职业特点和工作需求，制定更加科学的管理方法，包括录用、调配、考核、奖惩等，可以令职业管理体系更加科学且更具针对性。

其次，科学的职业分类能够明确不同职业的工作责任，以及具有普适性的职业素质要求，从而为社会中不同岗位的责任划分提供依据和标准，也可以在一定程度上促进职业评价体系的完善。

再次，科学的职业分类能够促进合理的职业结构和科学的从业者职业分配体系的建立。在职业分类的过程中，可以对社会的职业结构和职工分配体系进行更深层的分析研究，从而令最终建立的职业结构更加合理和契合社会发展特性，令从业者职业分配体系更加科学和实用。

最后，科学的职业分类能够为从业者提供更科学、有效的考核依据和教育培训依据。考核的目的主要是检验从业者是否可以胜任其承担的职业工作，以及是否能够高效、高质地完成工作任务，这需要根据职业分类制定对应的考核标准和评价体系，对不同职业的工作任务、工作质量、工作数量等提出科学的要求；教育培训的目的主要是为从业者提供对应的职业教育，促进其职业技能、职业道德的提升和完善，科学有效的职业教育培训同样需要以职业分类为依据才能完成。

第三节 职业生涯发展理论

职业生涯是由职业和生涯结合而成,因此要认识职业生涯,就需要了解何为生涯,在此基础上才能够对职业生涯的发展有深入理解。

一、生涯与职业生涯

(一)生涯

"生涯"一词最早见于《庄子·养生主》的"吾生也有涯,而知也无涯。"其中"生"指的是生命,"涯"则指的边际、限度、边界。庄子上述这句话的意思是人的生命是有限度的一段时期,然而知识却是无限的。生涯结合则是指在人的生命历程之中,与人的生命相联系的经历、生活道路、职业、专业、事业等方方面面。

美国职业规划大师唐纳德·E.舒伯(Donald E. Super)认为,生涯就是一个人在生活里各种事件的方向与历程的融合体,其贯穿了人一生中各种职业角色和各种生活角色,同时生涯也是个人终其一生所扮演的各种角色的过程,由时间、广度和深度构成①。时间就是个人生命的时间长度,广度则是个人在一生中扮演的角色量,深度是个人在每个角色中所投入的精力。

1. 生涯的特性

"生涯"就是每个人所拥有的有限人生历程,其具有以下6个方面的特性:一是时间连续性,即每个人的生涯发展都是一生之中连续不断的过程;二是方向性,即每个人的生涯都是由生活中各种事态的连续演进为方向;三是独特性,即不同的人的生涯发展都是独一无二的,和人的个性、行为等相关联;四是主动性,即每个人作为主体,是自身生涯的主动塑造者;五是现象性,即只有个人去探寻生涯时它才会存在,否则生涯就是一个隐藏于表象的过程;六是空间综合性,即任何人的生涯通常都是以生活中的各种角色综

---

① 刘玉升. 大学生职业生涯规划与就业指导[M]. 苏州:苏州大学出版社,2018:35-38.

合而成，其以事业的角色为核心，包含了所有其他与工作有关的角色和与工作无关的角色。

2. 深入理解生涯

通常情况下，个人的整个人生主要包含3个阶段，一个是少年阶段，是个人快速成长、学习、习惯养成、生长发育的主要阶段；二个是成年阶段，其时间跨度较大，同时也是人生中最重要的一个阶段，在此阶段，个人的经历异常丰富且复杂；三个是老年阶段，即快速衰落的阶段，包括精力、身体、思维等各个方面的衰落。

个人一生中的3个阶段所经历的事态综合起来就是个人的生涯，可以从以下4个层面对生涯进行深入理解。

首先，生涯不仅是连续的过程，更是一个终身发展的过程，其并不指代个人某个特定的工作阶段或生活阶段，而是一个贯穿其生命起始和末端，需要终身学习和发展的过程。

其次，个人的生涯通常是一个不断选择和创造的过程，其并非处于固定不变的状态，而是时刻处于权衡、妥协和选择的过程中，不同的选择和创造模式，造就了不同的个人生涯。

再次，生涯还是个人价值观、信念、规划和目标影响之下形成的一个发展体，其因个人的抱负、动机、目标等逐步形成，发展，并随着个人的行动而逐步实现，最终成为独特的历程。

最后，个人的生涯并非以独立角色存在，而是时刻处于多角色交互的过程中。例如，在人生的少年阶段，扮演的主要角色是学生、子女、朋友等；在成年阶段，扮演的主要角色是配偶、家长、子女、持家者、学生、朋友等。在同一个时期个人所扮演的所有角色都会相互发生作用，这就需要个人能够恰当地整合和安排不同的角色，打造出更精彩的生涯。

（二）职业生涯

1. 职业生涯

职业生涯的概念，曾经随着社会发展和时代的推移发生过多次变化，如在20世纪70年代，职业生涯专指个人生活中和工作相关的各个方面。然而随着时间的推移，更多新的意义被纳入了职业生涯的概念之中，其中包含了生活中有关个人、集体、国家、社会及经济的方方面面。

中国职业规划师协会将职业生涯定义为人的一生中的职业历程。其中包含了一生中所有与职业相关的行为、活动及态度、价值观、目标、愿望等，同时也是个人一生中职业和职位的变迁、职业目标实现的过程。在人的一生中职业生涯是生活的核心主体，在整个人生中占据着极为关键的位置，对个人实现人生价值起着决定性作用。

职业生涯是一个动态的过程，每一个工作着的人，不论职位高低、成功与否、何种职业，都拥有独特的职业生涯。

通常个人会对自身的职业发展有一定的控制能力，即职业生涯可以通过个人的管理实现变化和发展。通常职业生涯的发展是以个人潜能开发为基础（包括智力开发、技能开发、心理开发、生理开发、伦理开发等），以工作内容的确定或变化、工作业绩的评价和评估、工资待遇和职务的变动等为标准，来实现个人的人生价值时所有工作经历、内心体验、精神成长的总和。

2. 认识职业生涯

根据中国职业规划师协会的定义，职业生涯可以细分为两个方面的内容，一方面是内职业生涯，即从个人的角度来认识职业生涯，指的是个人从事各种职业时，自身的知识、观念、经验、能力、心理素质、内心感受、身体素质等各个因素的变化过程和综合影响。完全是基于个人而言的内容，是他人无法窃取和替代的人生经历和财富。

另一方面则是外职业生涯，即从外在职场的角度来认识职业生涯，指的是个人在从事各种职业时，其工作时间、工作地点、工作单位、工作内容、工作职务、工作环境、工资待遇等各个因素的变化过程和综合影响，其主要是随着内职业生涯的发展而变化，同时会有明显的外在表象。个体从事不同职业时会形成不同的外职业生涯，如先从事某一项职业会形成外职业生涯①，之后从事另外一项职业则会形成外职业生涯②，职业生涯内容构成如图1-6所示。

内职业生涯和外职业生涯融合起来就构成了个人的职业生涯，二者之间具有千丝万缕的关系，主要表现在以下3个方面。

一是内职业生涯的发展，是外职业生涯发展的前提，内职业生涯可以带动外职业生涯的变化，即个人内在的心理、经验、观念、感受、知识、技能等的提升和变化，会令外职业生涯出现巨大的变化。

二是外职业生涯通常是由他人决定和给予，因此容易被他人剥夺和否定，但其对个人职业生涯造成的影响有限；而内职业生涯主要是个人的获取

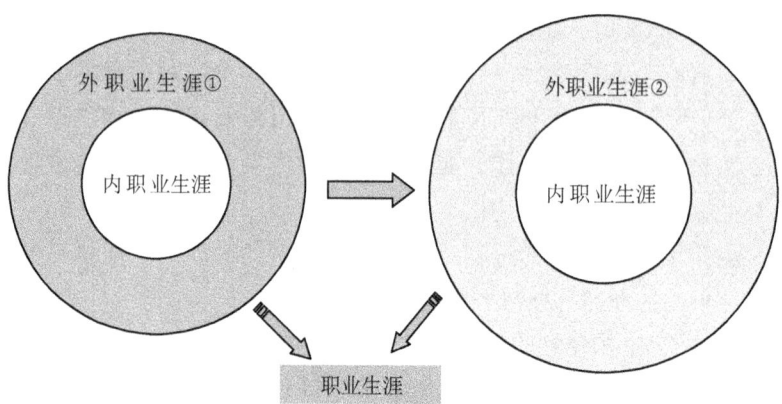

图 1-6 职业生涯内容构成

和探索，属于个人的隐性财富，不会因外职业生涯的变化而丧失。

三是二者会相互影响。当内职业生涯略微超前时，个人会感受到工作得心应手、游刃有余；当内职业生涯超前较多时，个人会感受到工作比较浪费自身能力；当内职业生涯超前太多时，个人会明显感受到工作不适合自身，应该寻找更好的职业。当外职业生涯略微超前时，个人工作过程中会产生动力，以推动内职业生涯的各个因素发展进步；当外职业生涯超前较多时，个人工作过程中会有一定的压力，虽然也会推动内职业生涯的各个因素发展进步，但心理会较为疲惫；当外职业生涯超前太多时，个人工作过程中会感到力不从心，从而容易放弃，具有很强的毁灭力。

3. 职业生涯的发展形式和发展阶段

（1）职业生涯的发展形式

职业生涯的发展形式主要有两种：一种是同一职业中职务的变化；另一种是不同职业的变化。同一职业中职务的变化主要有晋升和下降，通常是在同一工作单位中个人随着内职业生涯的发展及变化，或者随着工作单位的发展及变化而产生的晋升或下降。

不同职业的变化则是个人从事的工作内容、工作形式等发生改变，这种改变不一定是由于工作变动或工作单位变动，也有可能是在同一工作单位，因个人发展方向或目标或工作单位的调整，使其从事与之前不同的工作。职业生涯的发展形式如图 1-7 所示。

（2）职业生涯的发展阶段

根据职业生涯的发展特点，可以将职业生涯的发展分为 6 个阶段，每个

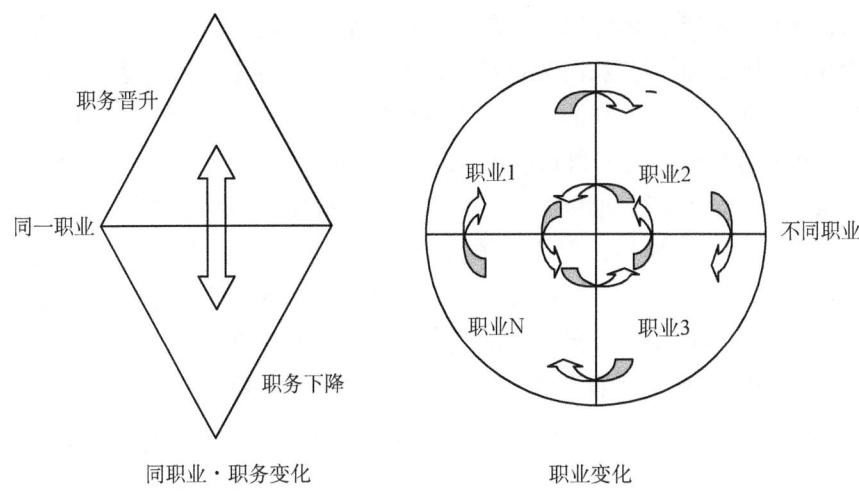

图 1-7　职业生涯的发展形式

阶段均有特色和突出的问题，划分的主要依据是个体一生之中的时间线。

第一个阶段是职业成长阶段，处于人的认知成长期，即从出生到 14 岁。此阶段个体对职业的认知主要是通过家庭成员、亲朋好友、老师，以及这些成员对职业的认同和彼此的相互作用而形成。职业成长阶段的开始，通常会以角色扮演为主要表现形式，个体会根据自身对不同职业的行为方式的理解，做出反应和行为，从而建立起初步且独特的自我概念，甚至是职业概念。

第二个阶段是职业探索阶段，通常这个阶段发生于个体 15~21 岁，随着个体对自我或职业有了初步的概念，就会逐步深入探索可能要选择的职业。通常个体会将自己的职业选择与自身对不同职业的理解，以及通过教育、活动或工作等获得的能力及兴趣结合与匹配。此阶段通常是个体从学习心态转向就业心态的阶段，最主要的疑问是"我能做什么？我到底是谁？"

第三个阶段是职业塑造阶段，通常发生于个体 22~24 岁，该阶段通常开始于就业后，随着逐渐熟悉工作单位的情况和组织文化，建立起初步的社会交际关系网，个体的职业性格特点开始逐步形成，个体对自身的特长和不足的了解会越来越多，从而开始对自身的职业方向进行调整。职业塑造阶段的长短与个体自身的认知能力和自控能力息息相关。

第四个阶段是职业确定阶段，通常是从 25 岁一直持续到 44 岁的壮年时期，这是多数个体职业周期中的核心阶段，也是职业经验和职业技能高速增长的阶段。有些个体能够在此阶段选择到最适合自身的职业，并将热情和精力投入到此职业中，从而为自身未来的职业发展打下坚实的基础。此阶段个体通常能够承担起工作的责任，发挥出自身的特长、发展出自身独特的能力，并重新评价自身需求和职业目标，最终确定。

第五个阶段是职业维持阶段，通常在职业确定后就会进入该阶段，并在64岁左右结束。此阶段，部分个体已经在自身的职业领域赢得了一席之地，选择的职业也较为符合自身的发展，因此会将主要的精力置于保持职业优势的方面。职业维持阶段最需要做的是令自身的事业能够在平稳中持续上升，因此这个阶段需要个体能够持久地学习，努力接受新鲜知识和技能，充分展示自身的优势和特长，否则就容易因为松懈而提前进入职业下降阶段。

第六个阶段是职业下降阶段，也可以称为职业衰退阶段，通常出现在临近退休的时间段。任何个体随着年龄的增长，都不得不面对体力下降、精力下降、能力下降的问题。随着年龄的增长，个体的权力必然会逐渐减少，承担的责任也将逐渐减少，因此进入该阶段后，个体就必须要尽快接受现实并转变职业角色，从原来的顶梁柱转化为良师益友。

二、职业生涯的发展理论概述

职业生涯相关的发展理论，发端于美国的职业指导运动。1908年，弗兰克·帕森斯（Frank Parsons）在美国波士顿创立了一家具有公共服务性质和培训性质的职业局，主要工作是对美国就业者进行心理咨询服务。之后咨询服务的趋势扩大到了美国各地，掀起了美国职业指导运动。

该运动的兴起恰逢美国工业发展高峰期，生产的社会化和专门化程度地不断提高，相关职业对劳动者的文化水平、心理素质等要求也开始不断提高，为了使劳动者能够适应职业要求的变化，职业指导运动被倡导并兴起。

中国的职业生涯发展理论也经历了不同的发展阶段，尤其是改革开放以后，中国经济的飞速发展使社会对各种专业化人才的需求日益攀升，为了能够为不同的人才提供科学、合理的职业指导，中国职业生涯发展理论也开始迅速发展。

（一）中国职业生涯发展理论概述

中国的职业生涯发展理论是完全的外来品，即通过引进西方职业生涯发展理论，结合中国国情和职业情况，最终逐步发展起来的理论。因为其引进和发展过程中，很长一段时间处于发展停滞期，具体的发展历程主要为3个阶段。

1. 第一个阶段是初步引进阶段

主要始于民国时期，具体时间为1911年辛亥革命到20世纪30年代民族资本主义工商业的发展。

1916年，中华职业教育社（1917年正式建立）尚未正式建立，就已经开始《教育与职业》刊物的发行，其第15期专门建立了《职业指导》，并针对就业问题和职业问题进行了宣传和推介。这是中国首次引进西方职业指导理论，针对的是中国当时人才紧缺、毕业生毕业即失业的现实社会问题。

1916年，清华大学校长周寄梅为了能够指导学生毕业后合理择业，发起了择业演讲活动，并聘请了多名专家和名人到学校内进行职业相关问题的演讲，开创了中国教育界就业指导的先河。

1923年，西方职业指导理论的研究刚刚获得初步成就，邹恩润就编译了《职业指导》一书并出版，其以西方职业指导理论为基础，对职业指导的范围进行了界定，并指出了职业指导的意义、效用和方法，首次系统论述了职业指导，开创了中国职业指导理论的研究。

在之后的近10年时间，一系列有关职业指导的著作不断被创作、出版，同时也将欧美、日本等较为成熟的职业指导理论引进中国，这个时期是中国职业生涯发展理论的研究热潮，对该阶段中国教育界的学制改革、教育改革实践、教育理论发展都产生了重要的影响。但当时局势较为动乱，因此很多职业指导理论并未真正应用于实践。

2. 第二个阶段是20世纪30年代中期之后

随着20世纪30年代中期民族危机的加剧，以及抗日战争和内战的爆发，中国职业指导理论的发展受到了严重影响，一度被迫中断。

1949年新中国成立后，中国各行各业均处于百废待兴的状态，对人才的需求极为迫切，但当时中国实行计划经济体制，人才分配长期受统包统分的政策影响，所以职业生涯发展理论并无实际效用，这也造成数十年间中国的职业生涯发展理论研究一直处于停滞状态。

3. 第三个阶段是改革开放以后

职业生涯发展理论恢复发展并快速发展阶段，具体时间为改革开放初期至今。

改革开放以后,社会主义市场经济体制逐步形成并快速发展,这无形中推动了国家就业政策的转变,开始从统包统分向自主择业演化。

首先,职业生涯发展理论方面的宏观研究蓬勃开展。比较有代表性的是1996年朱启臻出版的《职业指导理论与方法》,从职业指导的功能、原则、类型等,以及职业指导和其他学科的关系等方面进行了研究和梳理,对中国职业生涯发展理论的发展提供了扎实的理论基础和研究先河;另外则是1996年由俞文钊教授指导学生编著的《职业心理与职业指导》,其以心理学为基础全面介绍了各种有关的职业指导理论。

其次,与大学生职业生涯发展理论相关的著作也在相继出版。例如,针对中等职业学校的学生编著的职业指导著作,从就业政策、法规,职业素养养成,就业途径、意识等各个方面进行了阐述,旨在引导中等职业学校的学生进行职业选择;有针对综合性大学的学生编著的职业指导著作,旨在诠释大学生择业和就业过程中容易遭遇的问题,并引导学生合理地进行职业选择和职业生涯规划。

随着改革开放的推进和中国社会经济的发展,有关职业生涯发展理论的著作也越来越多。这些著作为推进中国自主择业政策的落实和深化做出了贡献,且通过对职业生涯发展理论的梳理和现实匹配,使中国的职业生涯发展理论更加符合中国的国情和发展模式,不仅对学生就业有指导意义,也对整个职业生涯发展理论体系的完善有促进作用。

(二)西方职业生涯发展理论概述

西方的职业生涯发展理论发端较早,经历了长期的发展和完善,形成了以提供科学的职业咨询指导为目标的各种测评工具和对应理论,其中较具参考价值的有以下4种理论。

1. 唐纳德·E.舒伯的职业生涯发展理论

唐纳德·E.舒伯的职业生涯发展理论强调的是主观和客观的相互作用对个体职业生涯发展产生的影响,是一种建立于个体职业发展观念上的职业生涯发展理论。

其职业生涯发展理论主要有3个要点。首先,尊重个体的差异性,即不同的个体的才能、兴趣、人格等都不相同,这种独特的差异性会使不同的人适合的职业种类有所不同。尽管各类职业都会对从业者的才能、兴趣、人格等进行模式化的要求,但个体和职业并非一成不变的,而是具有一定的灵活性。

其次,个体的职业选择与适应是连续的过程。个体对职业的偏爱,以及对职业的适应能力,都会随着时间、经验和个体的发展产生改变,这就使个体对职业的选择和适应成了一种连续的过程。通常个体的职业选择与适应有两个阶段:第一阶段是探索阶段,可分为空想期(对职业进行想象及心理适应)、尝试期(进行工作尝试并外在适应)和现实期(对职业的理解加深并自我评价)3个时期;第二阶段是固定阶段,可分为尝试期(确定职业并尝试持久)和固定期(完全适应选择的职业并固定)两个时期。

最后,个体的职业发展过程具有极强的可塑性。舒伯的理论认为个体的职业发展过程,根本而言就是完善自我概念的过程,且建立和完善自我概念的过程也是一种个体对职业折中调和的过程,整个过程可划分为4个阶段。

第一阶段是个体对自身条件产生认知和理解,通过自身条件与外界条件相互作用产生的反响,逐步建立起"自我"的意识和概念;第二阶段是个体在自我概念、社会、职业和现实之间的不断调和,通常表现为个体将自身置于各种职业角色中进行适应和选择的过程;第三阶段是个体根据自身能力、兴趣、价值观、人格等,对选择的职业进行满意度评判,或者说是自我对所选职业的适应程度。适应程度或满意度越高,选择的职业越契合个体;第四阶段是个体的职业生涯规划能力和职业生涯路径,能够通过职业指导加以改善,如通过职业指导培养个体的职业兴趣和职业能力,强化个体的心理素质和适应能力,从而帮助个体完善自我概念并进行合理的职业选择。

2. 弗兰克·帕森斯的人职匹配理论

弗兰克·帕森斯的人职匹配理论是其于1909年在《选择一个职业》一书中提出的,也被称为特性因素理论,属于最早的职业辅导理论。该理论认为个体与职业相匹配才是职业选择的焦点,即每个个体都拥有独特的人格模式,不同的人格模式匹配不同的职业类型,只有个体在充分了解、认识自我的人格模式和职业需求条件的基础上,才能更好地将自身与职业需求进行合理匹配①。

---

① 刘玉升. 大学生职业生涯规划与就业指导[M]. 苏州:苏州大学出版社,2018:33-34.

因为人职匹配理论需要对个体的特性进行深入地了解和掌控，所以该理论十分重视人才测评的作用，即对个体进行特性测评。应用该理论有3个步骤：首先是人员进行分析，即对个体的心理特征和生理特征进行评价；其次是根据职业对人才的要求，寻找匹配个体的职业，并向个体提供职业信息；最后是进行人职匹配，即引导个体加强对自身的了解，同时深入了解职业要求，并在职业指导的帮助下选定符合自身特色、易获得的职业。

人职匹配理论的匹配原则有两类。一类是通过因素匹配，即将强调专业知识和技术能力的职业，与拥有对应技能和知识的个体进行匹配；将对专业知识和技术能力要求不高，但对身体素质要求较高的职业，与能够吃苦耐劳且拥有健壮体魄的个体进行匹配。另一类则是特性匹配，即注重个体的特征与职业的潜在需求，此类匹配建立在对个体了解深入、对职业了解透彻的基础上，同时还需要考虑到个体的发展期望及职业的发展特性。例如，通过特性匹配，可以将理想主义、敏感且个性强的个体，与需要强审美性和自我情感表达的艺术创作类职业匹配。

3. 杰弗里·H. 格林豪斯（Jeffrey H. Greenhaus）的职业生涯发展理论

杰弗里·H. 格林豪斯是美国著名心理学博士，其职业生涯发展理论主要侧重于不同年龄段在职业生涯中的任务，该理论将个体的职业生涯分为5个阶段，每个阶段均有一定的主要任务。

在个体的 0～18 岁，是职业生涯准备阶段，主要任务是培养个体的职业想象力并对职业进行恰当的评估和预选择，且需要接受职业教育。

在个体的 18～25 岁，是职业生涯进入组织阶段，主要任务是获取一份理想组织中的工作，逐步获取职业信息，最终选择一种较为满意且比较适合的职业。

在个体的 25～40 岁，是职业生涯初期阶段，主要任务是逐步适应职业的工作并融入组织，同时通过学习对应的职业技术来不断提高自身技能，以便为之后的职业发展铺平道路。

在个体的 40～55 岁，是职业生涯中期阶段，主要任务是对职业生涯初期阶段进行评估，并真正确立个体的职业理想和职业目标，最终选定职业，发挥自身最大效能，获取属于自己的成就。

在个体 55 岁到退休，是职业生涯后期阶段，此时的主要任务是维持职业成就并稳定发展，同时做好引退的准备。

第二章 工具·大学生的职业生涯规划

第一节 职业生涯规划的基本理论

在了解职业生涯发展理论的基础上,每个人都可以尽可能地去规划其未来生涯发展历程,职业生涯的发展需要考虑个人的智力、兴趣、价值观、目标等元素,分析职业生涯发展路径中的助力和阻力,从而妥善调整各元素,以契合自身的人生目标和人生位置,达到实现目标的目的。这个规划职业生涯发展历程的过程,就是职业生涯规划。

从上述定义可以看出,职业生涯规划是一个主动且有意识的行为,通俗来说就是个人要通过有意识地规划来找到引领自身前进的方向。

一、职业生涯规划的核心

任何人的职业生涯都是一个不断发展的过程,进行职业生涯规划,首先需要依托职业生涯发展理论确定自身独特的职业生涯类型,其次在实际工作中不断审视自身,最后找到契合自身的、长期、稳定的职业定位。

职业生涯发展理论在上述内容中已经详细介绍,这里主要介绍进行职业生涯规划的另一个核心理论——职业锚理论。

(一)职业锚理论

职业锚理论是由美国著名职业指导专家埃德加·H.施恩(Edgar H. Schein)领导的专门研究小组,历经12年职业生涯研究分析总结出的理论。在施恩的描述中,职业锚是个人通过工作实践,不断在工作中审视自身来确定自我职业意向,最终通过个人能力、内心动机、人生需要、价值观和职业态度等相互作用,整合而成①。

通俗来说,职业锚就是一个人通过工作实践,以及各种工作中的内外部条件和因素的比较,主动找到的最有利于自身发展和实现自身价值的职业定位。在施恩的理论体系中,职业锚是不断变化的,也就是说职业定位的寻找是一个不断探索的动态过程。

职业锚具有两个极为显著的特点:其一是需要根据个人职业经验的积累,才能稳定并内化,最终形成清晰的职业定位;其二是当个人面临多个职业选择时,职业锚是个人潜意识中最无法放弃的职业意向,就类似于在职业海洋之中,每个人都是一艘漂浮于其中的船,想找到自己的职业定位,就必须不断调整船锚来确定自己的意向。

(二)职业锚类型

施恩的理论中,将职业锚的类型划分为 8 种(其中 5 种于 1978 年提出,20 世纪 90 年代增加了 3 种),虽然这 8 种类型的职业锚有一定的交叉,但通常个人感知中表现最突出且最强烈的特征和对应的职业锚是比较匹配的,不过职业锚类型无法通过测评进行预测,只能通过实际工作不断内化沉淀后,才能够发现和明晰。

在了解职业锚类型之前,最好能够先回答三个问题。分别是"我到底想做什么?""我到底能做什么?""我到底为什么要做这些?"只有回答好以上三个问题,才能在以下职业锚特征中找到与自身匹配的职业锚类型。而且这 3 个问题的答案并非能够脱口的,而是需要一定的时间思考和工作验证。

1. 技术/职能型职业锚

属于此类型职业锚的人,通常喜欢追求在技术、职能等领域不断地成长,即期望在较为专业的领域发展,追求在专业领域不断提高,并主动寻找应用技术和发挥职能的机会。

此类型的人更愿意面对来自专业领域的挑战,得到对自身的认可或他人的认可多数源于自身的专业水平,但通常不喜欢从事一般的管理工作,毕竟这会令其放弃自身在专业领域的优势和成就。

---

① 周清,何独明. 大学生职业生涯规划与就业指导 [M]. 北京:北京理工大学出版社,2019:15–18.

2. 管理型职业锚

属于此类型职业锚的人，通常拥有强烈的管理他人的愿望，他们善于与人沟通交流，且具有很强的分析能力及领导能力，且拥有强烈的晋升价值观，喜欢追求职位和收入的提升，对权力的欲望较高。此类型的人也会愿意承担更多的责任，将整个组织的成功和自身的工作联系在一起，会将技术工作、职能工作看作成为更高管理层的必经之路，也就是说此类型的人即使技术强悍，也不会将其作为最终追求。

3. 创业型职业锚

创业型职业锚也被称为创造型职业锚，此类型的人更希望通过将自身的能力转化为完全属于自己的东西（包括公司、产品、服务等），而且在转化过程中愿意承担风险，并会竭尽全力克服实现目标的困难。此类型的人虽然很可能会在他人的公司中工作，但他们真正的目标是进行学习并评估机会，当他们感觉时机到来就会走出去，创建属于自己的事业。

4. 自主/独立型职业锚

属于此类型职业锚的人，通常喜欢独来独往，更希望在可以随心所欲安排自身工作和生活的方向发展，但就职业而言，他们更期望最大限度地摆脱组织的制约和限制，以追寻可以充分施展个人才能的工作环境，甚至为了自由和独立的工作模式，宁愿放弃提升自我的机会。

有很多此类型的人具有较高的技术和能力，但和技术/职能型职业锚的人不同的是，他们不愿意在规矩极多的组织中发展，更愿意独立创业或合伙创业，或者成为咨询者，或者成为自由撰稿人等。

5. 安全/稳定型职业锚

属于此类型职业锚的人，最注重的就是职业的安全性和长久稳定性，包括安定的工作、可观的收入、优越的福利、成熟的养老制度等，为了获得这些，他们会不断付出努力。对此类型的人而言，稳定的工作等是非常重要的内容，即使有时他们能够达到较高的职位，其实他们也并不真正关心具体的工作内容和职位，只要工作的稳定性更高、收入更体面、福利更优越即可。

6. 挑战型职业锚

属于此类型职业锚的人最喜欢的就是挑战，包括战胜强大的对手、解决极为困难的问题、克服看似无法克服的障碍等。此类型的人做某件事情的主要原因就是此事他们未曾做过且具有极强的不可能性，他们一直需要变化和新奇的刺激，若某件事变得极为简单或毫无挑战性，他们就会感觉索然无味，甚至根本提不起精神。

7. 服务型职业锚

属于此类型职业锚的人，喜欢追求他们自身认可的核心价值，并会在一生之中不断寻找此类机会去实现核心价值，包括帮助他人、提升他人安全、消除疾病困扰等，他们的核心价值就是帮助别人，因此最喜欢的工作包括医生、护士、社会工作者、咨询师等。此类型的人即使更换工作，也不会允许核心价值产生变化，他们对收入的渴求度并不太高，更希望通过自己的贡献获得公平的回报，而且职位的提高也更期望向具有更大影响力和更高工作自由度的方向发展。

8. 生活型职业锚

属于此类型职业锚的人，喜欢将职业、家庭、生活、个人的各方面需求融合、平衡，即需要一个能够兼顾各方面的工作环境来实现这一目标，这就需要一个弹性极大的职业方向。此类型的人对成功的定义远远超出纯粹的职业范畴，职业在他们的一生中只是很小的一部分，为了实现需求的平衡，他们甚至可以牺牲职业的某些方面，如为了平衡需求可以频繁地进转换职业。他们认为自己如何生活、在哪里居住、如何处理家庭问题、职业的发展等是完全平等的内容。

职业锚的确定是一种个人的能力、需要、能力、态度、价值观等逐步整合并相互作用的最终结果，通常需要一定的时间进行思考，并结合工作实践进行分析，才能够挖掘出契合自身的职业锚。在确定职业锚时，就是个人的职业真正转变为事业的节点，此后的职业生涯才会真正确定方向和目标。

二、职业生涯规划的功能

职业选择是人生之中无法逃避的，职业生涯规划就是促进个人实现最佳选择的管理艺术，其最大的功能就是可以让个人能够立足现实，对理想、梦想、目标等进行更加合理的调整。

（一）职业生涯规划的具体功能

职业生涯规划的具体功能有以下4项。

第二章 工具·大学生的职业生涯规划

1. 确定职业发展方向及目标

职业生涯规划能够帮助个人进行自我剖析，使其对自身的了解和认识更加全面和深入，最终能够将个人的优势、劣势、特长、兴趣等元素提炼出来，促进个人更有效地评估自己的能力和不足。

在进行职业生涯规划的过程中，剖析自我只是准备工作，之后还需要对外界客观环境进行分析，结合自身的情况来明确职业发展方向，推动个人正确选择职业目标，再根据目标来制定有效的计划和规划，以克服职业生涯发展过程中的障碍和困难，使个人的能力得到最大限度的发挥和挖掘，最终获得事业上的成功并实现人生价值和理想。

随着经济和科技的快速发展，社会上的竞争也更加残酷和激烈，这对于尚未踏入社会的大学生而言，是极为陌生的，若大学生没有任何准备，在步入社会后必然会感到迷茫不安，甚至手足无措。若大学生能够在大学期间认真进行职业生涯规划，就可以做足准备，对自身、职业、未来都会有一个较为清晰的认知和了解，从而能够在步入社会后快速调整自身，更加科学地调整职业发展方向和目标，最终开发潜能，实现自我价值。

2. 以具象目标督促个人努力

任何工作和事业的成功都需要个人的不断努力，但是为何有很多人一直在努力，却未能取得对应的成功和回报呢？导致这种结果的主要原因就是目标不够明确。

制定适合自身的职业生涯规划，是剖析自我的过程，更是明确努力方向和目标的过程，通过职业生涯规划将目标具象化，会令个人的努力更具效果。拥有了明确的努力方向和目标，根据制定的职业生涯规划去努力，就会令规划的内容一步步实现，每实现一步，就能提高方向的准确性和目标的清晰度，同时也会带来实现计划的成就感，再次督促个人不断努力。通过合理的职业生涯规划一步步推动目标的实现，能够令个人的自信心更高、目标更细化，从而推动个人有意识地完善工作方式和思想方式，最终形成良性循环。

3. 辅助个人合理安排工作

每个人的生活和工作中都会遭遇各种琐碎的事务，若没有职业生涯规划，就很容易被这些事务缠绕，甚至覆盖，从而没有精力去实现个人的目标。

制定合理的职业生涯规划，可以促进个人合理安排日常工作，如评价事件的轻重缓急，从而令个人抓住工作的重点，更容易高质量地完成工作，增加成功的可能性。通俗来说就是，职业生涯规划能够帮助个人找到实现目标的具体路径，拥有具体路径后就不会被琐碎庞杂的其他事务干扰，从而令个人抓住工作的重点，合理安排行动，最终为实现目标创造最有利的条件，自然更容易成功。

4. 有效发挥和挖掘个人潜能

没有合理的职业生涯规划，个人就容易陷于琐碎事务中，也就容易分散精力，从而无法高效完成工作。制定合理的职业生涯规划后，因为目标更加明确，路径更加清晰，所以更容易令个人集中所有精力向一个方向努力，从而有效发挥和挖掘个人的潜能，高效地实现目标。

任何人的潜能都是无限的，只是需要充分地挖掘和有效地发挥，拥有明确的目标和规划后，就能够促使个人更加努力地学习，为实现近在咫尺的目标锻炼和提高自身，而且具象目标的一步步实现所产生的成就感，也会不断调动个人的激情，从而激发出个人的潜力，最终获得难以想象的成功。

（二）职业生涯规划的总体功能

上述4项是职业生涯规划的具体功能，从个人的整个人生层面来分析，职业生涯规划拥有一个极为清晰的总体功能，即推动个人不断突破，最终达成自我实现。

职业生涯规划是一种主动行为，因此对个人的影响是由内而外的过程。首先，职业生涯规划可以帮助个人剖析自身、了解自我，从而突破内在障碍。只有真正对自己有深入的了解，才能明确自身的优势和劣势，从而突破阻碍自我发展的内在障碍，包括信心缺乏、自卑情绪、消极态度、能力不足等，最终令个人可以正视自身，做到取长补短。

其次，在突破内在障碍的基础之上，对外在社会环境和职业环境进行了解，尤其是明晰外在环境中阻碍自身发展的因素，包括产业格局、政治方向、市场趋势、职业要求等，然后结合自身的性格特征和优劣势，完成外在障碍的突破，从而实现职业的再次发展。

再次，在突破内在障碍和外在障碍的基础上，以职业生涯规划为导向，通过开发自身的潜能来逐步实现规划中的细化目标。开发自身潜能主要包括提升自信、培养技术、增加勇气等，通过开发潜能来促进对职业生涯规划的实施，令个人拥有匹配职业生涯规划的实力。

最后，通过前期的积累和沉淀，在不断开发自身潜能的过程中逐步达成自我实现，即一步步完成自身期望的成就，包括物质丰足、精神的满足、智慧的开发等，最终实现个人理想的完成和个人价值的展现。

职业生涯规划的总体功能，如图2-1所示。

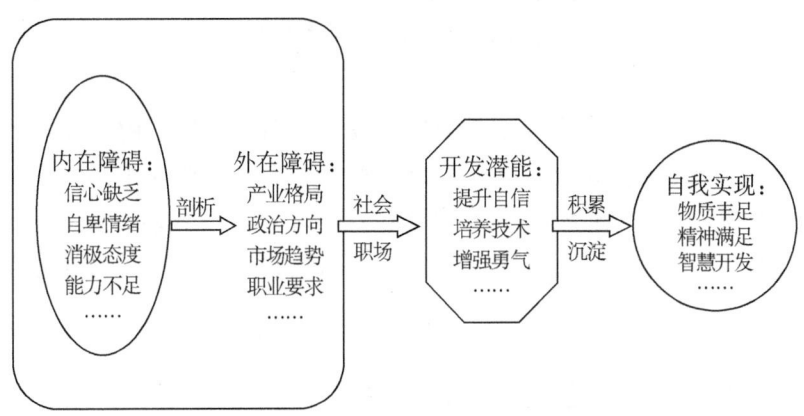

图2-1 职业生涯规划的总体功能

虽然职业生涯规划最适宜在步入职场后进行，能够有效规划自身未来的职业生涯的发展，但是若能够在大学阶段，乃至更早的阶段进行适当的职业生涯规划，能帮助学生提前了解自身和外部环境，从而可以更早地确立职业方向和职业目标，为自身的未来职业生涯提供更多可选择的道路。

在学生阶段制定职业生涯规划，也能够通过确立职业目标和职业方向，来推动学习计划的确定和发展计划的制定，即可以通过制定职业生涯规划，在学生阶段确立极为明确的目标，促进个人依托目标确定行动时间和行动方案，以便未来能够成为自己人生的掌控者。

第二节　影响大学生职业生涯规划的因素

大学阶段，是大学生职业生涯发展的重要准备阶段。在整个大学期间，大学生最主要的大学生活就是学习，能否很好地完成大学阶段的学习，能否让学习的知识成为未来职业生涯发展的动力和基础的关键，是制定一个合理的学业生涯规划，即针对提升和发展学业水平制定的规划，这也是职业生涯规划中至关重要的环节。

大学的生活和学习与其他阶段的生活和学习均有不同，其更具内涵，也更具锻炼力。通过制定合理的职业生涯规划，推动大学生树立全新的学习观念，并优化学习方法；也可以通过丰富多彩的大学生活和学习渠道，如社团活动和社会实践，得到锤炼，帮助大学生拥有更加优秀的能力和良好的素质。只有做好准备，才能够在走出校园后快速适应社会环境，抓住属于自己的机遇。

大学生制定职业生涯规划并非凭空设计，而是需要了解该规划的影响因素，通过合理调整影响因素，制定出最适合自身的职业生涯规划。综合而言，影响职业生涯规划的因素主要有两项，一项是个人因素，另一项是环境因素，而作为大学生，大学阶段的生活也会对职业生涯规划造成一定影响。

一、影响职业生涯规划的个人因素

职业生涯规划的设计和制定是个体主观意识下的主动行为，因此影响其最终形成的最主要的因素就是个人因素，包括个人的职业价值观、个性特质及身心状况3项。

（一）个人的职业价值观

职业价值观指的是一个人的人生目标和人生态度在职业选择方面的具体体现，也可以说是个人对职业的认识和态度、对职业的追求和向往等内容综合影响下形成的一种观念。通常个人的理想、信念和世界观等都会对职业价值观产生一定影响，也会在个人的理想、信念和世界观中具体体现出来。

个人的职业价值观会通过个人对遭遇的客观事物，行为结果的作用、意义、效果、重要性等做出总体评价，并以评价为原则来推动和指引个人进行选择、做出决定、实施行动。职业价值观在个人的职业生涯发展过程中具有极为重要的作用，起到的是决定职业方向的靶向作用，往往超过个人的兴趣和性格对职业生涯发展造成的影响。

不同的职业具备不同的特性，不同的人会拥有不同的身心条件、教育状况、生活经历、家庭影响、年龄阅历等，这种综合性的因素会造成不同的人对职业有不同的主观评价。例如，对职业意义的认识、对职业好坏的取向等，这种主观评价就属于职业价值观，其决定个人的职业期望，也影响着职业方向的选择和职业目标的确立，甚至决定个人就业后的工作态度和努力程度。

为确定自身的职业价值观，可以深入思考并回答以下几个问题：感觉哪种职业好？感觉哪个岗位更适合自己？自己从事某项工作的具体目的是什么，渴望得到什么？这些问题的答案就是个人职业价值观的具体表现。

（二）个人的个性特质

影响个人职业生涯规划的个性特质包括性格、兴趣、气质和能力等几个方面。

1. 个人的性格

个人的性格无论在职业生涯，还是生活之中都具有强大的作用。其指的是个人面对现实的态度，以及相应行为方式中所体现的比较稳定和具有核心意义的个性化心理特征，主要表现在个人对周围事件的态度、行为举止上。

不同的人会因为不同的经历、成长环境、知识层面、文化底蕴、道德观念等形成不同的性格，这就使每个人都拥有独特的性格，独特的性格造就了不同的职业生涯和人生过程[①]。性格对职业生涯规划的影响极大，若选择了和性格不匹配的职业，就很容易出现无法适应的现象。

2. 个人的兴趣

个人的兴趣对职业生涯规划的影响巨大，可以说在设计和制定职业生涯规划时，乃至职业生涯发展过程中，个人的兴趣就如同一双无形的手，在潜移默化中影响和操控着职业生涯的发展。在进行职业生涯规划时兴趣是必须要考虑的重要因素之一，尤其是在进行职业选择时极为重要。

在现实中，有一部分人从事自己不感兴趣也不喜欢的工作，这就很容易导致职业边缘化和职业倦怠感，从而对个人的职业生涯发展产生负面影响。

3. 个人的气质

个人的气质是较为典型的表露在外的稳定心理特征，其包括人的心理活动速度（如感知、思维、语言速度等）、心理活动强度（如情绪体验能力、

---

① 周清，何独明. 大学生职业生涯规划与就业指导[M]. 北京：北京理工大学出版社，2019：23.

意志强弱等）、心理稳定性和灵活性（如注意力集中时间长短等）、心理指向性（如外向、内向等），这些心理特征的不同程度和组合模式，最终构成了个人的气质。进行职业生涯规划时，气质特性也会影响职业的选择和职业的发展。

相对而言，人的气质属于一种先天形成且受神经系统活动的特性制约的表象，属于人的天性，与生俱来，也不易改变，并无好坏之分，且与日常生活中常说的秉性、脾气、性情等含义较为相近。个人的性格是后天形成，易于改变，但先天的气质会更易使人形成某类性格，而性格也可以在一定程度上改变和掩饰气质。

人的气质是一个非常古老的心理学问题，现今比较常用的是古希腊医生希波克拉底（Ἱπποκράτης，公元前460—370年）提出的4种体液形成的4种气质学说，分别是多血质、胆汁质、黏液质、抑郁质。之后俄罗斯生理学家、心理学家伊凡·彼德罗维奇·巴甫洛夫（Иван Петрович Павлов，1849—1936年）创立了高级神经活动生理学，将高级神经活动分为4种类型与上述4种气质类型相对应。

具体的4种气质类型和4种高级神经活动类型，以及他们对应的外在表现如表2-1所示。

表2-1 气质类型高级神经活动类型及外在表现

气质类型	高级神经活动类型	神经系统基本特点	外在表现
多血质	活泼型	灵活、平衡、强神经系统	活泼好动、反应迅速、善于交际、敏感且注意力易转移、兴趣易变换
胆汁质	兴奋型	不平衡、强神经系统	直率热情、精力旺盛、行动敏捷、心境变化剧烈、情绪易冲动、性情较急躁不易自制
黏液质	安静型	不灵活、平衡、强神经系统	稳重安静、反应较缓慢、情绪不易外露、较为沉默寡言、善于忍耐、注意力稳定难以转移、自制力强

续表

气质类型	高级神经活动类型	神经系统基本特点	外在表现
抑郁质	抑制型	弱神经系统	行动迟缓、感受敏锐且情绪易感性、体验深刻、较为孤僻、善于觉察细微、遇困难易优柔寡断

除以上气质分类外，中国古代也早就对气质进行过划分，如思想家孔子曾从类似气质的角度将人分为3类：狂者、狷者和中行者。狂者对客观事物的态度较为积极且进取心强，言行强烈且易于表现在外；狷者则比较拘谨，做事考虑较多，易于优柔寡断；中行者则是介于狂者和狷者之间，即中庸而行的人。

春秋战国时期，中国医学界曾根据阴阳五行学说将人的气质和体质形态分为太阴、少阴、太阳、少阳、阴阳和平5类，并根据五行法则将人分为金形、木形、水形、火形和土形5类。其分类基础和气质分类类似。

4. 个人的能力

个人的能力通常是个人完成工作任务的前提，也是影响工作效果的基本因素，即个人的能力和职业发展之间具备直接的关系。因此，在进行职业生涯规划之前，了解自身的能力倾向、明晰不同职业的能力需求，才能够进行合理的职业选择。

个人的能力不同，职业的选择也会有所差异。例如，有些职业会要求从业者具备一定学历，因为其需要一定的职业理论基础知识方能胜任；有些职业会要求从业者具备一定的从业经验，以及一定的独立工作技能等，只有拥有这些经验和技能方能胜任。

（三）个人的身心状况

影响职业生涯规划的第三项内容就是个人的身心状况，其主要包括两个方面内容，一是身心健康状况，二是个人的性别和年龄。

身心健康状况对于职业的选择和发展非常重要，几乎所有职业都需要从业者拥有健康的体魄和心理，毕竟没有健康的体魄和心理，能力就很难施展，知识也难于运用。另外，有些职业还与个人的身心状况存在内在关系，如有些职业对个人的身高、体重、视力等有硬性要求；有些职业对个人的心理健康状况有要求,如需要个人拥有极强的应变能力等。

性别和年龄同样对职业生涯规划有重要的影响。性别在职业发展中扮演着非常重要的角色,有些特定的职业拥有极为严重的性别隔离,所以在进行职业生涯规划时不能忽视性别问题;不同的年龄阶段,对工作的态度和看法、对任务的适应力和调控力、对机会的把控力和勇气等均表现不同,古人所说三十而立、四十不惑、五十知天命等,体现在职业中就是态度、表现和经验。

二、影响职业生涯规划的环境因素

虽然设计和制定职业生涯规划是个人的主动意识,但其不可避免地受到外界环境因素的影响,包括对职业的认识、对职业的评价、对未来的期望、职业的发展空间、能力的培养等。影响职业生涯规划的环境因素主要有以下4项。

(一)社会环境因素

社会环境因素是一个多方面元素相互影响下形成的平衡关系,包括社会经济发展水平、社会文化环境、政治氛围和制度、社会价值观念、市场管理体制、职业的社会认知和评价等。

社会环境因素会潜移默化地影响社会中岗位的数量、结构、层次、前景等,也会决定社会各层各界对不同岗位的接受程度、赞誉程度、认可程度等。这不仅会影响个人对职业的基本态度,也会影响个人步入职业生涯的基本方式,以及个人职业生涯的变化。例如,在如今的市场经济条件下,人才和用人单位之间是双向选择的职业关系,个人和单位均有选择的自主权。另外,市场经济条件会对行业和产业的现状、未来趋势、竞争情况产生影响,这些都会对个人的职业发展产生影响,因此在进行职业生涯规划时,必须要认真且谨慎。

(二)家庭环境因素

在个人成长过程中,家庭环境和成长经历都会对其产生影响,包括对职业的认知、性格的形成、人际关系的建立、价值观的完善等。不同的家庭环境和家庭教育方式,会令个人认识世界的方法、认识世界的程度及角度不同。另外，家庭成员是孩子最早观察和模仿的对象，个人的成长中会受到家庭成员职业技能的熏陶和影响，甚至家庭成员的观念、性格等也会对子女的观念及性格产生影响。

因此，在职业发展过程中，个人需要深入认知自身，不断调整和修正职业发展方向，以便最终确定和自身最契合的职业理想、职业目标。

（三）社会资本因素

社会资本就是个人或团体之间的各种关联，包括社会网络、人际关系、个人所处社会结构的位置所带来的资源等。个人拥有的社会资本会对其职业发展产生巨大的影响。例如，信息不对称会阻碍个人与就业岗位的有效匹配，而拥有就业岗位信息和资源的人则可以为求职者提供对应的职业岗位信息，从而缩短个人的失业期限、节约搜索就业信息的时间等。

社会资本不仅对个人的职业发展产生一定积极影响，也会对局部群体中的人造成消极影响，如某些群体中会形成具有狭隘性的社会认知，导致个人无法真正认知社会情况。因此，在职业发展过程中，个人运用社会资本时要注意扬长避短，避免以偏概全。

（四）重要他人因素

除以上环境因素之外，还有一个环境因素会潜移默化地影响个人的职业生涯规划，那就是职业生涯及生活中的重要他人因素。这里所说的重要他人，包括职场贵人、朋友、同龄群体、榜样事迹等，这些重要他人的生命历程、工作态度、行为特点、认知模式、价值观等，都或多或少会对个人产生影响，尤其是对职业的偏好、选择、认知等方面影响颇深。

大学生所处的职业发展阶段属于职业探索期，这是影响大学生未来职业生涯发展的关键阶段，也是设计和制定职业生涯规划的关键准备阶段。在大学阶段，学生应该完成的职业生涯发展任务就是探索自我、了解自我，并逐步确定职业偏好、培养对应能力，在所选择的职业领域起步，了解和提升职业素质，为毕业时的角色转换、职场适应打下基础。

整体来分析，大学阶段的学生应该渡过以下4个阶段，来完成对职业的探索，包括适应期、准备期、提升期、完善期。

适应期就是首先适应大学学习和生活，完成中学生向大学生的角色转变，适应大学的学习特点，然后深入了解自身的性格、兴趣、能力、价值观等,最后需要对自身专业的发展、趋势、职业族群、岗位等进行初步了解。

准备期则是初步确定职业发展方向的重要阶段,首先需要对未来职业生涯进行思考和初步确定,然后根据确定的方向培养自身对应的能力、技术、素质等,不同的发展方向需要不同的知识和能力,也需匹配不同的素质和特性,因此会对之后的学生生涯产生影响,如影响学习和活动的侧重点等。此阶段的大学生可以通过学生活动、社团活动、兼职工作等来培养和锻炼自己,提高职业责任感、工作主动性、职场受挫力等,养成不断反思、完善自己的习惯,在积累职业经验的同时,探索性地锁定未来职业,并以此为方向进行职业化塑造和提高。

提升期是在锁定未来职业后,提升对应的职业修养、职业素质、职业能力等,并做好未来职业发展的准备,包括与未来职业相关的职业资格证书、职业技能鉴定等,也可以积极主动地联系对应职业岗位,寻求了解职业岗位和单位运营情况的机会,为未来的职业生涯发展奠定基础。

完善期则是从心态上完成从学生到职业人的角色转换,尤其是明确职业生涯发展方向、锁定未来职业岗位、做好初步职业生涯规划后,要积极准备迎接正式的职业生涯,包括准备简历、了解求职技巧、模拟面试、搜索就业信息等,以便及时了解职业发展动态。

第三节 大学生职业生涯规划的步骤和方法

进行职业生涯规划并非简单找到自己喜欢的工作,也并非简单找到适合自己的工作,而是需要考虑工作能够为自己带来哪些收获。整体来看,科学的职业生涯规划包含自我认知、职业认知、职业选择、制定职业目标、行动等5个要素。

一、大学生职业生涯规划的步骤

大学生进行职业生涯规划需要将上述5个要素全部囊括在内,综合而言可以分成三大步骤进行,分别是综合认知、职业选择和目标的确定、制定及评估行动方案。

（一）综合认知

综合认知主要包括3个层面的内容。首先，是树立志向，也就是职业理想的树立和洞悉。职业理想是个人对未来职业所表现出来的强烈追求欲望和期望[①]。最初职业理想的树立和洞悉，可以从大方向着手，如大体确认自身职业锚类型，寻找符合心中理想的职业方向。当心中拥有理想职业方向后，才能在后续设定出更加明确的职业目标和职业发展方向，从而根据目标和方向来设计职业生涯规划（一方面规划自己的学习生涯和实践生涯；另一方面为制定职业生涯规划打下基础）。确立的职业理想要能拥有激发自身勇气和信心的作用，这样在职业生涯中，即使遭遇挫折和失败，也能够坚定方向，不断完善自身，最终实现对理想的追寻。

其次，制定有效且合理的职业生涯规划，需要建立在充分且正确认识自身的基础上，也就是需要完善自我认知和探索的内容。自我认知和探索的内容主要包括认知和探索自身的性格、特长、兴趣、技能、智商、情商、思维模式、道德水准、学识等。

大学生可以通过自我认知和探索，对自己拥有极为清晰的认识，包括自身的优劣势、潜力，这个过程也是进行自我定位的过程。作为大学生，应该尽可能全面地积累知识、提升能力，有意识地挖掘和发展自己的兴趣爱好，以便了解自身在哪些方面更具潜力，尤其是很多大学生在报考专业时并未深入调研和认真思考，进入大学后最好重新考虑此问题，以便找到最适合自身的专业进行强化和提升。

最后，明确对自身的定位及拥有足够的认知后，还需要对外在环境和情况进行深入认知，尤其是职业生涯规划，需要对社会中的各种职业信息进行筛选和了解，包括不同职业的工作内容、薪资水平、所需技能、工作条件、典型的工作环境、未来发展趋势、晋升机会等。例如，可以详细了解与职业理想匹配的产业，对可能会选择的职业进行综合环境评估，包括政治环境（国家政策和地方政策等方面）、社会环境（产业趋势和发展状况）、组织环境（产业或单位的工作内容和工作情况）、经济环境（大环境的经济趋势和产业的经济情况）等。通过综合环境评估，才能够在后续制定职业生涯规划

---

① 褚德清，尹克寒，宋婷. 大学生职业生涯规划与就业指导[M]. 成都：电子科技大学出版社，2019：50-52.

时，拥有足够的信息去分析环境的特点和变化特性，从而制定对应的职业生涯规划。

（二）职业选择和目标的确定

完成综合认知后，就需要进行职业选择和目标的确定，只有这样才能为自己设定的职业发展路线提供方向和基准。

1. 确定职业生涯规划的支点

在进行职业选择和目标的确定前，需要确立个人职业生涯规划的支点，即回答"我为什么工作？"这个问题。

（1）职业生涯规划的3个层次支点

职业生涯规划的支点主要有3个层次，分别是生存支点、发展支点和兴趣支点。

生存支点是以职业薪酬为职业生涯规划的主要导向，以纯粹的生存支点来规划职业生涯就容易忽略自身成长，从而遭遇薪酬和职业瓶颈，难以感受到工作带来的快乐和成就感。

发展支点则是以个体自身的进步为职业生涯规划的主要导向，虽然此支点能够推动个人不断地获取经验和技能，从而锤炼自身的能力，获得精神收获和成就感，但容易令个人忽略兴趣对职业发展的推动作用，同时此支点会带给个人较大的工作压力和考验，需要较强的心理承受能力和挑战的勇气。

兴趣支点是以个体自身的愉悦感和快乐度为职业生涯规划的主要导向，不会太在乎工作薪酬的多少和能够获得的荣誉地位等。兴趣支点为导向可以令个人享受工作的整个过程，并投入极大热情，使工作成了个人的娱乐和享受，但以纯粹的兴趣支点为导向容易令个人忽略社会发展大局观和职业的发展趋势，也会对职场之中的竞争视而不见。

（2）职业生涯规划确定支点策略

设计职业生涯规划时，可以通过不同的确定支点策略来确定职业方向和职业发展目标。通常可以采用两种策略：一种是内外部因素策略；另一种是多支点策略。

内外部因素策略就是在设计职业生涯规划时，将内外部因素考虑在内，如当对内在因素了解较深且清晰时，即个人经验、能力储备、知识层面均比较丰厚，就可以通过发展支点或兴趣支点来规划职业生涯，可以选择拥有提升和发展潜力，或者符合自身兴趣和喜好的职业方向。例如，当自身内在因素尚有欠缺时，包括能力尚且不足、经验尚有缺陷、经济较为拮据等，就可以通过生存支点来规划职业生涯，从最基础的，也是最简单的职业做起，逐步积累经验和提升能力。先满足自身的生存需求，当职业能力和经验达到一定程度后，再重新规划调整职业生涯。

也就是说，职业生涯规划可以结合内外部因素的综合关系进行适当的调整。温饱问题解决后就可以将原本的以生存支点为主导转移到以发展支点或兴趣支点为主导，同时要考虑到转移支点后职业的发展情况（若其能够获取高薪却无发展空间，应该及时舍弃）。若转移后的职业生涯规划是以兴趣支点为主导，就可以在前期舍弃高薪，使工作成为自身的快乐源泉，并享受过程，获取更多的精神满足。

上述的内外部因素策略依旧属于单一支点策略，只是灵活度更高，更容易调整职业生涯规划。多支点策略则是通过将不同支点结合考虑，来设计更加合理和长远的职业生涯规划。当然，支点结合得越多，职业生涯规划的难度也就越大。

通常可以先通过单一支点来制定职业生涯规划，随着经验的积累和能力的提升，再逐步采用多支点策略来制定职业生涯规划。从此角度可以看出，职业生涯规划是一个贯穿整个职业生涯的过程。

2. 确定职业方向和目标

前面提到的3个层次支点，就是为了能够在设计和制定职业生涯规划时，拥有极为明确的目标。但此目标属于拆分后的小目标，在确定职业发展方向的时候，可以先设定具体的目标，以提高该目标的实现率，之后则可以根据小目标不断向前延伸，确定职业大方向和大目标。

在确定具体目标的同时，需要询问自身可以为此目标的实现付出怎样的牺牲，并为此目标的实现划定一个时限，但前提是确保该目标能够通过自身的努力实现。

3. 设定职业发展路线

确定职业方向和大目标后，则需要规划和设定实现该方向和大目标所需要的路径。通常同一个目标要求下，选择不同的职业发展路径，其具体的需求也会有所不同，这需要根据自身特性，以及在工作过程之中的具体感受做适当的调整。例如，同一职业方向之中会有不同的岗位，只有选择适合自身，有助于提升、突破的发展路径，才能够不断挖掘自身的潜力，从而令职业生涯规划越来越合理。

（三）制定、评估行动方案

综合认知、职业选择和目标的确定只是推动个人做出恰当的计划，但若空有计划，无行动，必然会无法实现计划。所以在确定好职业目标后，还需要制定具体的行动方案。

行动方案的制定需要综合考虑自身的知识储备、能力、条件、心理、观念等因素，并根据实现职业目标所需要的具体要求来寻找自身的差距，并制定对应的改进方案。例如，综合能力不足，就需要制定开阔眼界、提高多方面能力和素质的行动方案；不良习惯影响了职业目标的实现，就需要制定改进此习惯的行动方案，通过循序渐进的方法培养对职业目标实现有益的好习惯。

具体的行动方案需要根据不同的情况有针对性地制定，行动方案越详细越好。

制定好行动计划，下一步就是实施并对结果进行评估，职业生涯规划也需要随着时代的发展、社会的进步、职业的变化和产业的变迁不断调整，而随着经验和能力的提高，个人也需要不断加深对自身的认识，这样才能制定出更合理的职业生涯规划。

也就是说，成功的职业生涯规划，需要个人不断审视内在条件的变化及外在环境的变化后，快速将这些变化的信息应用到行动方案中，调整好行动的步伐，通过行动方案的调整来反馈职业目标和职业发展方向的科学性，最终让自己能够更顺畅地实现职业理想。

二、大学生职业生涯规划的方法

设计和制定职业生涯规划的方法有很多种，这里介绍几种较为适合大学生进行职业生涯规划的方法。

（一）5W归零思考法

5W归零思考法就是用5个问题进行归零思考，完成5个归零问题的回答后，找到答案中的共同点，就能拥有适合自身的职业目标，从而设计出自己的职业生涯规划。

（1）问题：我是谁？

回答该问题需要静下心来，仔细和深入地对自己进行一次较为深刻的反思和认识，要直面自身，真实且清醒地将自己的优点、缺点、性格等一一罗列出来，尽量做到完全剖析自己，尽可能地将所有答案列出，然后按照列出内容的重要性进行排序。

（2）问题：我想做什么？

此问题是对自身职业发展的心理趋向进行深入的检查和剖析，因为每个人在不同的年龄阶段、不同的认知层次下产生的兴趣和渴求的目标有所不同，有些甚至会完全对立，为了尽可能地完善职业发展心理趋向的分析，可以追溯到儿童时期，然后从儿童时期初次萌生的"想做什么？"的念头开始记录，根据时间线将自己真心向往的事都罗列出来。

有些兴趣和目标虽然萌生于时间线的初期，却会随着年龄、阅历、能力的增长而逐渐固定，将所有罗列出的事排序就能大体分析出潜意识中最期望实现和做到的事，将之目标化就会成为终生理想。

（3）问题：我能做什么？

此问题是对自身已拥有的能力和潜力进行全面的总结和分析，可以将已经验证的能力罗列出来，然后将自认为能够挖掘和开发出的潜力也罗列出来。

人的职业定位基于个人的能力，而职业的发展空间和提升空间取决于个人的潜力，所以罗列出已有能力可以明确职业定位，而通过自身潜力则可以推论出职业发展空间。自身潜力可以通过几个方面入手分析：对事物的兴趣，兴趣越大，提升空间越大；做事的韧性，韧性越足，成长空间越大；知识结构，知识结构越扎实、知识内容越全面、知识更新越及时，潜力空间越广阔。

（4）问题：环境允许或支持我做什么？

这里所指的环境，包括社会环境、政策方向、地方经济状况、地方企业制度、职业人事政策、职业自身潜力等各个客观方面的内容，还包括对应的主观方面的内容，如社会人际关系、亲属关系、职场领导关系、职场同事关系、朋友关系等。

在回答该问题时需要将上述的环境内容综合分析，可以先罗列出来，然后思考、记录,并明确自己能够获得的支持,根据重要性、可能性排序。

(5)问题:我的职业目标是什么?

应在前4个问题已经回答并清晰罗列的基础上回答此问题。可以先从前4个问题的回答中找出对实现对应目标(第二个问题的答案)有利的条件和不利的条件,然后通过分析找出实现该目标时,不利条件最少、自己想做、自身能力和潜力能够实现的目标,这就可以作为职业目标的框架,也可以称为职业生涯的发展方向。

完成上述实现的5个问题后,需要以找到的职业目标、职业发展方向为核心,以自身期望的时间阶段为周期(可以是3年,也可以是5年,乃至10年)对职业目标进行细化,提出对应的近期目标、中期目标和远期目标。

将阶段性目标分解为每年目标、季度目标、每月目标。以近期目标为例,应该继续细化为周目标,甚至是每日目标,这样就能够极为清晰地罗列出自己实现近期目标应该努力的方向,根据这些细化的目标制定对应的行动方案,并在制定完成后立刻行动起来。

每日目标完成后,需要在每日结束时对目标和自身情况进行对照和反省,总结当日成就、失误、缺陷、经验、教训等,修正后续每日目标行动方案。这样可以拥有详细且具有极强行动动力的职业生涯规划。职业目标规划模式如图2-2所示。

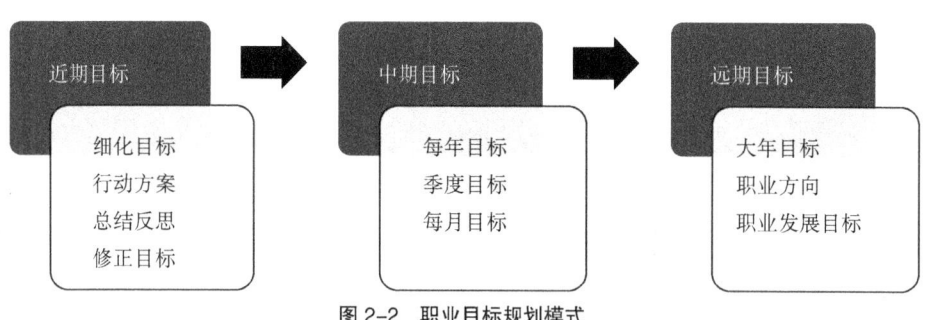

图2-2 职业目标规划模式

(二)SWOT分析法

SWOT分析法是市场营销管理领域广泛应用的一种分析工具,能够帮助决策者在市场竞争环境下制定出适合企业发展的竞争策略。其也可以运用于职业生涯规划范畴，毕竟在设计和制定职业生涯规划时需要充分了解自身和外界环境，然后根据自身的特性来分析和评估各因素对职业生涯的影响，这种分析和评估较为复杂，运用SWOT分析法则能有效做到分析和评估。

SWOT分析法中S代表的是优势，W代表的是劣势（弱势），O代表是外部机会，T代表的是外界威胁。前两项为内在因素，后两项则为外在因素[①]。通过该分析法，个人能够比较清晰地分析自身的优势和弱势，也能够将优劣与外界环境及机会进行综合分析，从而可以详细评估出较为适宜自身发展的职业道路。具体分析和评估需遵循以下步骤。

1. 分析自身优势和缺点

社会的快速发展推动社会分工进一步细化，职业分类也越来越详细，因此个人需要找到自己较为突出的优势和才能，以便弥补自身的不足，从而找到最适宜自身发展的职业方向和职业目标。

可以通过列表的形式，分析自身优势和劣势，其中需要注意的一点是，自身的优势和劣势需要放在同等重要的位置，以便后续有针对性地弥补、提高。列表可以分两栏进行罗列：一栏列出自己喜欢的事情、优势和能力，也列出自身较为擅长的事情；另一栏则列出自己不喜欢的事情、劣势和缺点，也列出自己讨厌和宁愿放弃的事情。然后根据外部机会和外界威胁分析，有针对性地提升优势和栏中的内容，弥补劣势和缺点栏中的不足，放弃不擅长和讨厌的职业领域。

2. 分析外部机会和外界威胁

社会发展推动着社会环境不断发生变化，分析外部机会和外界威胁就是要找出不同的产业、行业、职业、职位和岗位在此环境之下会面临的机遇和威胁，精准地对产业方向和职业方向进行分析，才能够做出正确的决策。

同样可以通过列表的形式，将与自身优势、兴趣、性格、理想方向对应的职业领域详细地罗列，内容包括职业领域的政策导向、发展趋势、市场情况、职业发展模式等。可以将列表分为两栏，一栏是积极的外部因素，另一

---

① 褚德清，尹克寒，宋婷. 大学生职业生涯规划与就业指导[M]. 成都：电子科技大学出版社，2019：36-38.

栏是外部的威胁，从而为后期决策提供充分的信息。例如，选择的职业领域近期不景气，那该领域能够提供的工作职位必然会减少，晋升的机会也会较少；而职业领域内积极的外部因素较多，如有政策扶持、市场潜力巨大、未来大势所趋等，那么该职业领域就会为个人提供更加广阔的职业前进道路和更多的发展机会。

3. 构建 SWOT 矩阵

前期分析的内容，主要是罗列出的内部因素和外部因素，可以将这些信息恰当排序，通常运用的排序方式是以轻重缓急、影响程度等为依据。可以先选择自身期望的职业领域，然后将各因素中对职业领域的发展有直接、重要、迫切、久远、深刻的影响因素优先排列，将对职业领域的发展有间接、少量、缓慢、短暂、次要的影响因素排列在后，并将职业领域发展的阻碍、危机因素排列在另一栏。

可以根据矩阵来综合分析，通过寻找弱化危机和排除阻碍的因素来减少影响职业领域正向发展的弊端，以及寻找推动职业领域正向发展的因素，制定行动方案，最终形成合理的职业生涯规划。

（三）生涯金三角规划法

生涯金三角规划法的目的是通过科学的方式决策个人的职业目标，再根据职业目标来有针对性地制定职业生涯规划。此规划法是由美国伊利诺伊大学教授斯威恩（R. Swain）针对职业生涯规划提出的金三角图形。其认为制定职业生涯规划时需要根据3个因素进行考量，包括个人因素（自我）、信息因素（教育与职业资料）和环境因素（环境）。其中，个人因素包括个人的能力、兴趣、价值观、健康程度、性向等；信息因素包括职业类别、产业发展趋势、职业情况、教育模式等；环境因素包括社会潮流、经济情况、地域发展、家庭状况、社交关系等。

个人因素是通过对自身的认知和剖析进行自我评估；信息因素是通过对职业内容和情况进行分析，寻找期望的职业方向，并通过建立对应的职业榜样来发展对职业的认同；环境因素是为了通过对家庭和社会背景等内容的分析来推断助力和阻力。个人通过以上3个因素的综合作用，建立职业生涯目标。生涯金三角规划法建立职业目标的具体方法如图2-3所示。

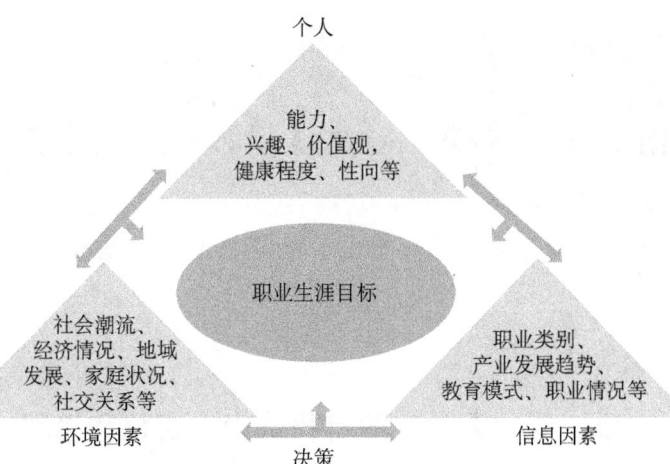

图 2-3　生涯金三角规划法建立职业生涯目标的具体方法

第三章 内视·自我认识和职业发展探索

第一节 大学生的自我认识、定位和管理

多数刚刚步入大学的大学生对自我没有一个准确且清晰的认知，而准确的自我认知是设计和制定职业生涯规划的基础和重要环节。自我认知指的是个人对自己的洞察和理解，包括对自己的感知、思维和意向等内容的察觉和洞悉，以及对自己的想法和期望、行为和性格的判断及评估，这些都是自我认知的核心内容。具体可以从以下3个层面进行。

一、自我认识

自我认识就是通过自我主观的意识，对自身进行客观的认识，属于一种对自己身心特征的认识，正确地进行自我认识将会对自身的心理和行为产生极大影响，利于心理的健康成长。

大学生从高中阶段进入大学阶段，因为学习模式、生活模式的巨大改变，很多人对自我的认识会产生转变，尤其是对自我的评价会有极大转变。这容易使大学生的自我认知呈现出两个极端：当遇到挫折时会产生不稳定的自卑心理，从此一蹶不振；当取得一点成就时会出现不稳定的自负心理，从而目中无人。这都是自我认知不准确，又无法及时进行自我调整造成的。

正确的自我认识，可以从以下3个方面着手。

（一）通过类比法客观认识自我

客观认识自我可以采用类比法，将自己和条件类似的他人进行类比，有助于正确挖掘自己真实的状貌。通常情况下，大学生认识自我会较为片面。

例如，仅看到了自身的优势和能力，却忽略了自身的劣势和缺点，这样就容易出现取得成绩就自满的现象；而仅看到了自身的劣势和缺点，却没有看到自身的优势和能力，这样就容易在遇到问题和挫折时不知所措，从而产生自卑心理。

类比法能够推动大学生通过观察条件类似的人，客观认识自身的优势和劣势，从而更加客观地对自己产生正确评价。例如，遇到问题后，将解决过程中遭遇的各种情况和他人类比，若类似于自己的人遭遇的情况和自身相仿，那说明遭遇此情况并非由固有能力差造成的，而是由经验不足、年龄阅历不够等造成，可以通过分析将造成问题的因素找出，努力改善，从而改变现状。

客观认识自我需要站在旁观者的角度对自己进行剖析，可以从以下3个方面进行自我认识的训练。第一，认识自己的身体特征和生理状况，包括身高、体重、力量、耐性、健康程度等，即从能够观察到的表象来认识自己；第二，认识自己在集体中的地位和作用，这时需要采用类比法来逐步提高自我评价能力，借助于别人的评价和自身对他人的评价来评价自己；第三，认识自己的心理活动和心理特征，包括心理感受、自信心程度、情绪变化等。

正确的自我评价需要在实践中进行，同时，运用类比法可以更加全面、辩证地对自己进行评价。

实践中的自我评价属于直接自我评价，即先对自身固有的条件进行认识和了解，不仅包括前文提到的身体特征和生理状况，还包括心理活动、心理特征、情感特点、爱好兴趣、知识水准、专业特长、智力情况、能力特点等，可以运用对应的测评工具来测定自身的气质类型、性格类型、智商水准等作为参考。之后则是通过自己在不同领域的实践成就，将自身的优势和劣势提炼出来，如大学生可以通过对各科目的学习时长、投入精力、最终取得的成绩，比较其在哪方面具有实践优势。

通过类比法进行自我评价属于间接的自我评价，就是通过和他人对照，客观认识自身的真实情况。可以将社会中与自身条件类似的人做比较，还可以通过他人对自身的态度来进行自我评价，以及通过自己实践活动产生的社会效应来进行自我评价。

认识内心的心理活动、心理特征：可以运用自我体验的方法，培养主观自我对客观自我持有的态度，如自卑、自尊、自满、内疚、羞耻、尴尬、自信等，通过自我体验等训练来感受到自尊感、自信感和自豪感，从而做到不自卑、不自傲、不自满。

（二）及时反省，正视优劣

在对自我有了基本的认识后，就需要通过自我反省来正视自身的优势和劣势，即运用自我观察、自我分析和自我报告的方法，对自我进行客观评价。可以通过观察自身的言行举止、心理活动，来分析自身的具体情况，从而使自我评价更加独立、客观。

拥有了客观的自我评价后，需要接受客观的自我，明晰自身的长处、短处，以平稳的情绪来尽量发挥自身优势，通过努力来弥补自身劣势，从而做到及时适应现实，保持好情绪应对问题。

（三）将理想我和现实我联系

上述对客观自我的认识，看到的是优势和劣势共同存在的现实我，而通常，个体内心深处会有一个理想中的自我，包括期望达到的理想标准、希望他人对自己的理想及看法等，这个自我就是理想我。

在大学阶段，理想我和现实我会具有一定的差距，认识到差距后就能够在一定程度上促进个体的发展。但是过程中需要注意两种情况：一种是理想我与现实我的差距过大，即理想我的要求太高，就很容易令个体产生巨大心理落差，从而丧失信心；另一种是理想我与现实我的差距过小，即个体对自我的认识依旧不够完善，或者理想我的要求过低，这容易令个体失去前进和提高的动力。

针对上述情况，大学生在建立理想我的过程中，要将其与现实我联系，要在现实我的基础上构建理想我。一方面可以带给自身足够的动力去改变现实我，逐步靠近理想我；另一方面可以逐步构建更高要求的理想我，来推动自身的持续提高。

二、自我定位

大学生涯是大学生步入社会前的铺垫期，也是未来职业发展的准备期，但很多学生在步入大学之前对自身认识不足，且对自己选择的专业性质、培养目标、教学内容等均不太了解。因此，大学生在拥有一定的自我认识后，需要及时进行自我定位,可以从以下两个方面着手。

(一)了解大学的专业

了解大学的专业就是需要大学生询问自己:所选专业是否适合自己?若再有一次机会是否还会选择现在的专业?之所以从了解专业着手,是因为专业的选择会对未来职业发展方向产生一定的影响。一方面好的专业和对口的专业,能够极大地调动大学生的学习热情,影响后期对职业目标的决策;另一方面择业的过程和社会职业的发展也在反向推动着对专业的选择,如社会中某些职业已经退出"舞台",大学中与其相关的专业自然也会逐渐退出。

大学生可以从专业的性质、内容和培养方向等深入认识。另外,大学生还应该结合社会的发展来认识专业,因为现今社会发展迅速,人才的竞争也更加激烈,单一专业型人才已经没有明显的竞争力,这就要求大学生能够拥有更为广阔的知识面,或者更加细化的专业技能。在了解专业的过程中,需要结合社会需求去分析。

在进行自我定位的过程中,不能将眼光局限于大学的专业,因为在很大程度上,大学的学习和生活会对大学生的各方面能力进行培养,包括完善自我意识、验证心理特征、形成正确价值观等,专业技能仅是大学阶段很小的一部分学习内容,所以大学生应该学会用科学的方法和积极心态去认识大学和专业。例如,可以积极接触各个学科领域来全方位地学习,从而培养自身的综合素质,同时积极参与各种活动,提高解决问题的能力和锤炼心理素质。

(二)明确提升方向

了解了大学的专业,大学生下一步需要做的就是明确自身在大学阶段的提升方向,其中最基础的就是知识的积累。大学生进入大学后选择的专业,多数会是进入社会后积累工作经验的职业方向,因此作为大学生必须明确自己的基础任务就是学习和掌握对应的专业知识,以便为未来进入职业生涯打下坚实的基础。

在积累知识的过程中,还需要提升自身各方面的能力,其中较为基础的有3项能力,分别是时间管理能力、独立思考能力、合理利用大学资源的能力,其均属于自我管理的范畴。

三、自我管理

大学生在对自我拥有深刻的认识,并有清晰的定位之后,就需要以自我认识和自我定位为基础,进行科学合理的自我管理,也就是有意识地培养上面所提到 3 项较为基础的能力,这些能力不仅可以加强大学生的自我认识程度,而且能够促使个体形成优良的管理习惯,从而为后期的职业生涯发展奠定基础。

(一)时间管理

进入大学校园后,多数大学生拥有了一个几乎完全属于自己的生活空间,也拥有了自主支配时间的自由,这种自主支配时间的自由很容易使其过分放松,从而浪费大量时间。

大学的数年时光极为宝贵,只有在大学阶段合理运用有限的时间为未来职业发展做准备,才能够令职业生涯发展得更加顺畅。

想达到此目的,就需要学会时间管理,即树立时间观念、养成良好的利用时间的习惯、合理规划学业生涯等。时间管理的关键并非是管理时间,而是从时间的角度进行合理的自我管理,具体可以从以下 3 个方面着手学习时间管理。

1. 改变看待时间的态度

大学生首先需要做的就是积极改变看待时间的态度,虽然作为学生还很年轻,处于人生最得意,也是最惬意的阶段,但需要明白时间一去不复返,对任何阶段的个体而言,时间都是极为珍贵的。有效利用时间,不仅能够提高大学生涯的充实度,而且可以提高生活质量、体现自我价值、塑造更好的形象及实现自我管理,最终可以形成良好的习惯,帮助个体实现人生的理想和价值。

2. 树立时间管理意识

改变了对时间的态度,下一步就需要树立时间管理意识,这是更好管理时间的前提。每个人的行为都是由自我意识支配,对时间进行管理同样如此,大学的时间仅仅数年,在这有限的时间中个体需要在完成学业的基础上,培养出完善的价值观、良好的习惯、健康的心理和体魄、更加全面的综合能力等,若想实现这些目标必须要拥有极为强烈的时间管理欲望。

可以根据自我认识和自我定位来明确自身的需求,制定出有效的阶段性目标，然后实行合理的规划，就能够合理分配有限的时间，从而提高效率，确保时间被充分利用。

3.运用合理的时间管理方式

树立了时间管理意识，还需要合理地运用时间，毕竟时间对于任何人都是绝对公平的，只有合理地分配和使用时间，才能够确保在有限的时间中高效达成目标。

时间管理需要从每一天的每一件事着手，但通常个体在每天都需要完成很多件事，如何合理运用时间才能保证高效地完成每日重要的事件呢？最有效的方式就是对事件进行梳理，列出时间清单，设定事件的优先顺序，之后根据事件的优先顺序依次处理，这样才能有条不紊且高效高质地完成[①]。具体的时间管理顺序和事件优先顺序如图3-1所示。

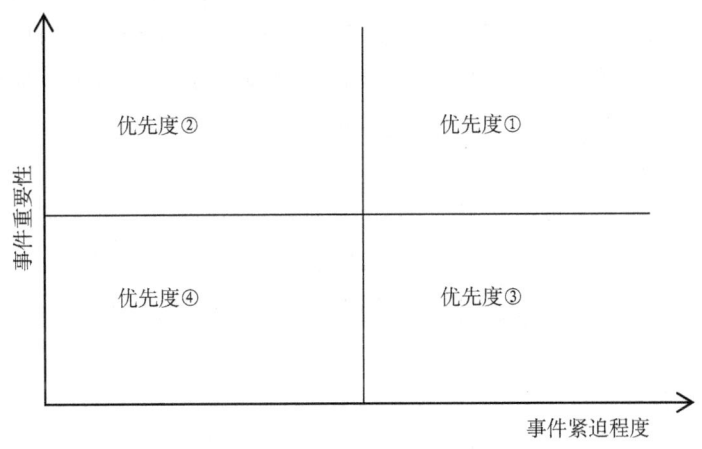

图3-1　时间管理顺序和事件优先顺序

（二）独立思考

运用智慧进行独立思考是人类得以长久延续和快速发展的基础，只有能够独立思考、拥有独立思想的人，才算是人格意义上的独立，最终才能实现自我价值。独立思考并非幻想，而是基于实际和行动的反思和分析，对通过实践和行动获得的反馈进行科学合理的分析，从而在实践之中思考，在思

---

① 谢菲.大学生未来时间洞察力、时间管理自我监控与学习投入的关系研究[D].南京：南京邮电大学，2020.

考之中实践,最终实现提升。要学会独立思考可以从以下 5 个角度着手。

1. 提出问题

思考是思维的一种探索活动,前提是大脑不断运行,而让大脑不断运行的最佳方式就是多提出问题。通过大脑对各种现象进行挖掘、对知识进行理解、对事件进行分析,最终才能发现问题。提出问题有助于促进脑细胞新陈代谢,起到锻炼大脑、提高思考能力和记忆力的效果。

2. 筛选信息

现今是互联网时代,在万物互联的背景下,每个人接收到的信息都数不胜数,虽然人类的大脑能够储存上千万亿的信息量,但如此之多的信息若不经过筛选,就会成为巨大的干扰,令大脑无法顺畅地记忆、分析和运行。

这就需要学会对信息进行有效的筛选,可以运用与事件的优先顺序类似的方式来对信息进行解析分类,避免彼此产生干扰,既有利于大脑的运转,也有利于锻炼分析能力。当然,筛选信息的过程中也需要有张有弛,避免思考和分析同一问题的时间过长,适当给予大脑新鲜信息和内容,能够令脑神经放松,更具活力,可有效提高思考效率。

3. 明确目标

做任何事情都需要避免思维的过分发散,应该明确目标并将其铭记,从而促使大脑将注意力集中在目标上,即通过提升专注度来解决问题。在解决问题的过程中,也要全方位思考,做到任何细节都不遗漏不忽视,这样才能最大化地发挥大脑的思考能力。

4. 保持客观

思考的过程中,需要客观认识周围的事物,时刻保持客观的态度,灵活运用思维能力,避免陷入思维困境。

5. 创新思维

在思考过程中,最容易影响效果和效率的就是固有的思维模式。当遇到问题却百思不得其解时,可以放松大脑任其自由发挥,以便突破固有的思维定式,拓展思路,从而提高创新思维能力。可以有针对性地突破传统思维,放心大胆地去设想、尝试,也许会拥有一个全新的思维模式。创新思维并非一蹴而就,而是需要在思考过程中不断锻炼,这样才能激发大脑的潜力,促使思绪更加灵活多变。

（三）合理利用大学资源

进入大学阶段后，支配时间更加自由，眼界会更加开阔，所以在自我管理的过程中，要学会从多角度认知事件，其中最能提升自身能力和综合水平的就是大学中的各种社团、组织等，要合理利用这些大学资源，为自身的提高和自我的管理创造机会。例如，积极参加大学的各种组织，担任组织中的干部，不仅能够锤炼自身的沟通能力、协调能力、社交能力，还可以促进个体维系及调控学习和工作的关系，为未来的职业生涯发展打下基础。需要注意的是，在处理学习和工作的关系，要将学习放在首位，工作放在从位，协调好二者之间耗费的精力和时间，还需要不断提高学习和工作效率，做到学习时集中注意力学习，工作时专注于工作。又如，寻找适合自身的学校组织和社团参加活动的前提，就是思考自身擅长做的和喜欢做的事情。寻找与自身相匹配的社团，不仅可以令自身的兴趣得以发挥和释放，还可以在此过程中培养与兴趣相关的能力，为未来的职业生涯发展开拓路径。

另外，在参加社团时，虽然兴趣是首要思考条件，但是选择时一定要深入考虑，可以在了解社团的内容、活动和模式后慎重选择。同时还需要避免选择过多的社团，活动繁杂易影响自身的发展及学业。一旦做出选择某社团的决定，一定要做好进入社团后的每一项工作。个体应该清楚知道在社团能够得到什么和应该付出什么，即明确进入社团的目标。拥有清晰的目标后努力做到最好，但切不可将社团中的职位、发展等放在过于重要的位置上，毕竟进入社团的目标是为了得到锻炼，只要能够有所收获，并实现加入社团的目标即可。

除了大学的社团资源外，还要注意抓住大学期间走出校门进行社会实践的重要机会。走出校门进行社会实践是大学生接触社会和了解社会的重要途径，在社会实践的过程中，一定要仔细观察、放低自身，寻找自己与社会上所需人才的差距，从而明确后续努力的目标和方向，及时对目标进行调整和完善，才能够不断弥补自身的不足，得到更多的经验和锻炼。

第二节　职业性格和职业兴趣探索

职业发展的探索需要从4个层面来逐步分析自身特质，分别是自身的职业性格、职业兴趣、职业价值观和职业能力，此部分针对职业性格探索和职业兴趣探索进行阐述。

一、职业性格探索

职业性格就是人在长期、特定的职业生涯中，形成的与职业联系紧密且较为稳定的一种心理特征，是个体性格在特定职业生涯中的延伸和体现。从此角度来看，职业性格其实就是个体性格的职业化拓展，因此进行职业性格探索，最根本的就是对性格进行探索。

（一）性格的内涵

性格指的是表现在人对现实的态度和相应的行为方式中的比较稳定的、具有核心意义的个性心理特征，是一种与社会联系最密切的人格特征，其表现了个体对周围世界的态度并将其展示在行为举止中。

1.性格的形成和特点

性格对于人的职业选择、职业发展等都具有直接的影响，即不同性格的人适合不同的职业，不同的职业也需要不同性格特征的人来从事和完成。性格和能力都对职业生涯产生影响，相对而言，能力的培养不需要很长时间，而性格的培养和形成则需要长久的积累和沉淀。从这个角度来看，性格对职业生涯的影响比能力的影响更大。

性格的形成源于态度，态度决定了外在的行为方式，当较为稳定的态度与此态度影响下的行为方式逐渐转化为习惯后，就会自然而然表现为性格。这是个体在长久的社会生活之中，依托其对现实的态度所逐步培养出来的，通常情况下已经形成的性格会潜移默化地影响个体的行为方式。例如，一个习惯助人为乐的个体，其性格特征就是善良且乐于助人，当遇到他人有困难，就会毫不犹豫提供帮助。

也就是说，性格是在生活实践之中逐渐形成的，且形成之后就会比较稳定地维系下去，性格的特征也会在个体的生活、工作、学习、行动中表现出来。不过虽然性格形成后会比较稳定，但也并非一成不变，而是能够进行塑造的。例如，原本已经形成的性格在个体的生活环境发生了巨大变化，或者遭遇了巨大事件后，其性格特征就容易出现极为显著的变化，这就是性格的重塑。

2. 性格的组成结构

从性格的各个方面来看，性格的组成结构可以分为静态结构和动态结构两个部分。

（1）性格的静态结构组成

性格的静态结构可以分解为4个组成部分，分别是态度特征、意志特征、情绪特征和理智特征。

态度特征指的是个体在处理社会各方面关系时所表现的性格特征，即个体在对待自己、他人、工作、劳动、社会、集体等方面时的态度。好的态度特征表现为正直诚恳、乐于助人、关心他人、认真负责、谦虚谨慎、热爱集体、忠于祖国、文明礼貌等；不好的态度特征表现为自私自利、狡猾奸诈、懒惰挥霍、敷衍不负责、损人利己、对他人漠不关心、无民族气节、蛮横粗暴等。

意志特征指的是个体自觉地调整和调节自身行为中存在的问题的性格特征。良好的意志特征表现为拥有长远目光、独立自主、理想远大、行动有计划、坚韧不拔、自制力强、果断勇敢且有毅力等；不良的意志特征则表现为优柔寡断、放任自流、盲目性强、鼠目寸光、怯懦，或者任性、固执己见等。

情绪特征指的是个体的情绪对自身行为和活动产生影响的程度，以及个体控制自身情绪的能力。良好的情绪特征表现为能够及时调整心理状态，可以长时间处于积极乐观、拼搏向上的状态；不良的情绪特征则表现为遭遇事件时，不论大小均容易引发情绪反应，但又无法快速调整，使情绪稳定下来，即控制情绪的意志力较薄弱，导致情绪波动大，心境易受影响，从而消极悲观，多变的情绪对身体健康、工作状态、生活的影响都较大。

理智特征指的是个体在各种认知活动中的性格表现。例如，认知活动中独立性较强的个体，能够根据自身的情况、兴趣、任务等主动进行观察和思考，以适合自身的方式解决问题和完成任务；而依存性较强的个体则容易受到无关因素的干扰，习惯依靠他人或现成的答案来解决问题。例如，有些个体的想象力强，则在认知活动中擅长想象；有些个体的现实感很强，在认知活动中就易基于现实进行理解。又如，有些个体思维活动的精确性高，遇到问题时能够深思熟虑，看待问题较为全面，可自主调整并快速灵活地解决问题；有些个体则缺乏主见，思维活动易受他人影响或易钻牛角尖，从而陷入困境。

（2）性格的动态结构组成

性格是由态度特征、意志特征、情绪特征、理智特征等组成，并非相互分割的内容，而是相互制约、相互关联的，任何一项特征都会对其他特征产生影响，从而促使各项内容不断产生变化，最终形成了性格的动态结构。

通常情况下，性格的核心是态度特征，因为其会直接表现出个体对事件、事物、问题等所持有的倾向，所以在一定程度上会影响和决定性格的其他特征。例如，个体性格的态度特征是对社会和集体高度负责，那么在其对待工作和学习时，也必然会认真负责。从这一点可以看出，当分析个体的性格时抓住其主要特征，尤其是态度特征，能够在一定程度上预见性格的其他特征。

组成性格的各个特征并非一成不变的，而是会因为外界环境、遭遇事件、不同场合等出现一定的变化，这也是性格动态结构的外在表现，个体对这些因素的不同反应会显露出其性格的不同侧面，会出现动态化的性格表现。例如，性格的态度特征是忠于祖国、关爱他人，并对自身及他人极为负责，那么在遇到他人抹黑祖国时，必然会据理力争、不卑不亢，而在和他人共同处理问题或合作完成任务时，则会谦虚谨慎、兢兢业业。

（二）性格的类型

不同的个体拥有不同的性格特征，这种不同会在个体的行为中展现出来，从而形成与性格特征相匹配的行为模式，这种行为倾向和运用心智的倾向，就是性格类型。

性格类型最初是于1921年由瑞士心理学家卡尔·古斯塔夫·荣格（Carl Gustav Jung）在出版的《心理学类型》一书中提出，荣格将个体性格分为3种维度、8种类型。

在20世纪中叶，凯恩琳·布里格斯（Katharine Briggs）和她的女儿伊莎贝尔·布里格斯·迈尔斯（Isabel Briggs Myers）在荣格的心理学类型理论基础上提出了一套性格分类法，提出时的主要目的是协助女性寻找工作，并填补男性参与二战之后的职位空缺①。

该理论模型是以母女的名字命名，被称为迈尔斯·布里格斯性格分类

---

① 刘玉升. 大学生职业生涯规划与就业指导 [M]. 苏州：苏州大学出版社，2018：68-73.

第三章 内视·自我认识和职业发展探索

法,也称为迈尔斯-布里格斯类型指标(MBTI)。是一种能够对个体的性格进行判断和分析,从而匹配性格特征的分类方法。此理论模型从极为纷繁的个性特征中归纳提炼出了4个关键要素,并架构了4个维度框架、8种行为风格,最终分为16种性格类型。

4个关键要素分别是动力来源、信息收集、决策方式和生活方式。这4个关键要素构建了职业性格的4个维度框架,每一个维度又分为两种行为风格。

动力来源根据个体专注于外界的角度不同分为外向型(E)和内向型(I);信息收集根据个体认识外界和收集信息的方式分为感觉型(实感型,S)和直觉型(N);决策方式根据个体做决定和下结论的方式分为思考型(T)和情感型(F);生活方式根据个体处理事情的态度分为判断型(计划型,J)和知觉型(随性型,P)。

外向型的人倾向于将精力专注于外界的活动、互动、经验等,从而获取动力;内向型的人则倾向于将精力专注于自身内在的情绪、记忆和意念等,从而获取动力。感觉型的人较为注重具体的、事实的、实际的看法,从而获取信息;直觉型的人则较为注重个体对事件的感觉、可能性、整体性的关系等,从而获取信息。思考型的人注重对公平、逻辑和客观的分析判断,通常会较为理性地做出决策;情感型则注重通过人际关系、价值体现等感官刺激来进行判断,通常会较为感性地做出决策。判断型的人做事喜欢规划和计划,通常会根据计划按步骤处理事件;知觉型的人做事则颇具弹性,喜欢依靠突发的灵感随性处理事件。

根据4个关键要素的不同行为风格的匹配,能够形成16种性格类型,具体的性格类型、匹配的典型职业、特征如表3-1所示。

表3-1 性格类型、职业、特征

性格类型	典型性格特征	典型职业	行为特征
外向、感觉、思考、判断(ESTJ)	喜欢组织和经营事业、活动,对自身没有实际利益的事不会关心,但也会花费精力处理这些事,是天生的机械专家和商人	政治家、警务人员、军人、法律工作者	积极做事和组织事件的务实专家,极为实际,时间观念强且规律

续表

性格类型	典型性格特征	典型职业	行为特征
外向、感觉、思考、知觉（ESTP）	喜欢机械与运动，享受解决问题过程中的乐趣，较为率直，喜欢真实感，不喜欢冗长的解释，善于和喜欢处理有关拆解、重组等事件	实业家、演艺工作者、管理者、仲裁者、辩护律师	各事务之间的快速适应者，行为难以预料且易冲动，善于准确评估他人动机
外向、感觉、情感、判断（ESFJ）	喜欢做能够直接影响人生活的事情，若为他人做好事，需要他人的鼓励和赞赏。喜欢和谐和创造和谐氛围，热心肠且受欢迎，喜欢积极参与各种事件	推销员、教师、教练、私人秘书、接待人员	极为务实的领导者，社交能力极强，工作对象是人，很在意他人对自己的看法
外向、感觉、情感、知觉（ESFP）	喜欢运动和制作物品。偏急躁，想快速知道发生的事情及结果。随和友善，易于满足，享受拥有的一切，喜欢将事情摆弄得更加有趣，在需要实际操作能力的场合会相得益彰	教导员、政府官员、演说家、小说家、影视编剧、剧作家、记者	人际交往过程中的快速适应者，善于运用环境资源，人际交往能力强且适应力强
外向、直觉、思考、判断（ENTJ）	善于吸收知识并喜欢增加自身知识面，有信心，热心且善于钻研，能够条理分明且机智地进行交谈和演讲	高级管理人员、陆军将领、演说家	直觉强且创意高的领导者，做事必须有结果，做事高效且不会重复犯错，对配偶期望高
外向、直觉、思考、知觉（ENTP）	直率而活泼，精通很多事情，可以机智地解决新问题和富有挑战性的问题，但易于忽略例行工作，兴趣容易转变	教师、创新事业	极易改变计划的创新者，会尝试各种可能，喜欢用分析能力解决复杂的问题
外向、直觉、情感、判断（ENFJ）	喜欢气氛活跃的组织，能够真诚地关心他人的想法和需要，处理事情时也会顾虑他人感受，内心极为丰富且对他人感受敏感，可以轻松挑起话题和活跃气氛，也会用心提升自身	临床医学家、教育家、基础护理医师、大众传播	想象力丰富的调控者，天生的杰出领导者，愿意与他人合作并信任他人，易投入情感

续表

性格类型	典型性格特征	典型职业	行为特征
外向、直觉、情感、知觉（ENFP）	应变能力极强，可以迅速解决问题和困难，热心肠，会随时帮助他人解决问题，亲切而聪明，精力旺盛且富有想象力，能够做任何感兴趣的事	政府官员、演说家、小说家、剧作家、影视编剧、新闻记者、教导者	极易改变计划的热心肠，观察力强且认为任何事都有意义，能够做多种感兴趣的工作
内向、感觉、思考、判断（ISTJ）	喜欢有组织、有规划的事情，做事认真负责，能够集中注意力并安静地做事，做事寻根究底，比较实际且有秩序，只要答应做到的事就会下决心完成，不会抗议，也不听劝阻	审计员、银行核查员、会计、牙科医生、法律研究员、教师	善于分析的事务管理者，责任心极强，工作中最可靠的人，不喜欢被批评，从而给人以冷血感
内向、感觉、思考、知觉（ISTP）	对现象级事件较感兴趣，尤其是与人无关的内容，包括因果关系、机器运转、硬科技等，好奇心极强，会以好奇心观察和分析人生，专注于自认为有必要花心思的事，其他事都是浪费时间和精力	商人、工艺者、驾驶员、外科医生、运动员、美术家、音乐家	务实且善于分析的行动者，喜欢寻找刺激，情绪极为稳定，胆量足且喜欢摆弄各种工具
内向、感觉、情感、判断（ISFJ）	喜欢周密且精细地完成工作，专注细节，并能够尽义务，安静且友善，负责任且能够体谅他人、在乎他人感受	中层管理人员、医生、保险代理、监护人、图书馆馆员	同情心极强的事务管理者，言出必行且忠于规则，喜欢有保障的工作且完成工作才会放松
内向、感觉、情感、知觉（ISFP）	喜欢享受当下，也喜欢轻松地完成工作，内心幽默，安静且友善，敏感而孤独，不期望突出，不会强迫他人接受自身意见和价值观，虽不喜欢领导但会遵从管理，不喜欢匆忙的工作，喜欢有条不紊	时尚设计师、小说家、诗人、作曲家、剧作家、雕刻师、画家、林业家、园艺家、厨师、导演、护士	善于观察且忠心的辅助者，行动力强但不擅与人交流，做事会立即行动，不会拖延

续表

性格类型	典型性格特征	典型职业	行为特征
内向、直觉、思考、判断（INTJ）	非常独立，较为固执，习惯以怀疑和批评的眼光看待事物。对喜欢的工作能够坚守初心，不论是否有人支持都会有组织地完成，但容易因为过分固执而浪费精力	教师、数学家、科学家、技术专家、逻辑专家	果敢的逻辑大师，自我察觉能力强，做事目标性强且立场坚定，易给人冷酷感，有长远的计划且做事逻辑性极强
内向、直觉、思考、知觉（INTP）	善于极为精细的推论，主要的兴趣是确定的理想，不善交际，也不喜交际，通常会安静而谨慎地沉浸于自己的世界	科学研究人员、经营主管人员	善于分析的独立行动者，直觉很准确，却易看不起人，执着于自身原则
内向、直觉、情感、判断（INFJ）	内心沉静踏实，极为忠实，习惯为他人着想，喜欢被人尊重，坚韧不拔，能够不屈不挠地完成任务，遵循他人认定为好的事物，拥有一定的创意	临床心理学家、精神病医学家、特殊领域教师及作家、临床医生	注重人际关系的协作者，喜欢和他人共同工作，内心敏感但很难表露情绪，根据价值做出决策，处世靠直觉
内向、直觉、情感、知觉（INFP）	责任心极强，无论有多少困难，都会完成事情，热心且忠实，但不喜欢表达，通常在认清他人后才会交心，喜欢独立计划和完成事情，因为过于重视人际关系，所以对地位和环境不在意	社会工作者、人文学科教育家、幼儿咨询师、政府工作人员	独立且想象力丰富的辅助者，通常是理想主义者，敏感、喜欢真实，可以快速接受新思想和新事物，获取知识靠感性，易洞悉象征意义

（三）职业与性格的关系

性格是个体在社会生活中逐渐形成的行为特征，其对职业生涯发展极为重要，所以了解自身性格并把握其变化规律，不仅有利于进行职业选择，而且有利于职业生涯的发展。可以将职业选择视为个体性格的延伸，性格同时会影响个体对职业的适应性，二者之间是相互适应、相互影响的关系。

当职业和性格较为匹配时，二者就会相互促进，从而使个体良性发展，但有时性格和职业会出现错位，尤其是对于刚走出校门的大学生而言更是如此，可以从以下3个方面来解决错位问题。

1. 以性格为核心制定职业生涯规划

若怀疑自身的职业和性格出现错位，可以先进行自我审视，评估、测试性格，并深入了解后，以性格为核心来制定职业生涯规划，以此来寻找职业发展方向和最契合自身性格的职业。这是一个较长的过程，不能盲目、急切地追求结果，要不断地调整方法和反馈评估。

2. 通过调整性格来适应职业

若发现自身性格与职业的匹配度不高，可先对性格和职业进行分析，确定自身性格中与职业不匹配的因素，通过个人的努力来弥补性格的不足，即性格并非一成不变，可以通过实践活动和个人努力来调整和完善。这种方法的前提是个体真心期望弥补不足，且渴望在该职业方向发展，或者对未来职业生涯发展有帮助。

3. 根据个人需求适当调整职业

在职场中，个人性格和职业需求不匹配的现象比较普遍，也比较正常，如果所在的职业对未来职业生涯发展益处较小，且在该职业发展中无法获取真正的心理满足和快乐，虽然极为努力地适应了职业但却身心疲惫，最好能够及时根据个人需求和发展方向放弃该职业，去寻找和选择更有利于自身发展和施展的职业。

二、职业兴趣探索

职业兴趣是个体在职业方向的兴趣体现，属于在个体兴趣基础上融入职业特性后表现出来的一种特征，因此探索个体的职业兴趣需要从个体的兴趣着手。

兴趣是个体希望或渴求认识某种事物或从事某种活动的心理倾向，是一种以认识和探索事物的需求为基础的心理感受，也是推动人类认识世界、认识事物的重要动机。兴趣能够充分调动个体的潜能，从而有效提高学习、工作的效率，并可以使个体发挥自己的才能，最终推动个体不断进步和完善。

（一）兴趣的种类和品质

个体的心理需求和心理倾向不同，造就了各种各样的兴趣，综合来分析众多的兴趣会发现兴趣可以分为三大类，且兴趣拥有其内在的品质。

1. 兴趣的种类

兴趣可以具体分为三大类,分别是兴趣方向类别,即物质兴趣和精神兴趣;兴趣获取类别,即直接兴趣和间接兴趣;兴趣范畴类别,即个人兴趣和社会兴趣。

物质兴趣就是个体对舒适和丰盛的物质生活的追求,包括基本物质生活的衣食住行等方面;精神兴趣则是个体对满足和丰富自身精神的追求,主要包括对知识、研究、文学、艺术、创作等方面的追求。大学生的价值观和世界观尚未完善,因此对兴趣方向需要积极地引导,避免个体向纯粹的物质兴趣畸形发展或在精神兴趣方面消极发展。

直接兴趣指的是参与活动过程中产生的兴趣和满足,如通常大学生的想象力丰富且具有很强的创造性,所以对制作模型极为感兴趣,这就是直接兴趣;间接兴趣则是对活动过程中的附带内容或结果产生的兴趣和满足。

通常直接兴趣和间接兴趣是相互联系和相互促进的,没有直接兴趣的活动过程会枯燥而乏味,而没有间接兴趣就容易失去目标和过程中产生的成就感,从而无法将活动持续下去。所以只有将直接兴趣和间接兴趣结合,才能充分发挥积极性和创造性,从而挖掘个体的潜力。

个人兴趣指的就是个体对特定的事物、事件、方向产生具有很强倾向性和选择性的态度,主要是基于个体而言;社会兴趣指的是处于社会之中的成员对某一领域的普遍兴趣,或者是社会的发展对社会成员的普遍要求,如随着互联网的发展,数据开始遍布各个领域,对于数据的分析能力和筛选能力已经逐渐成为社会普遍需要的能力,随着社会的发展,这就有可能成为一种社会兴趣。

2. 兴趣的品质

不管是哪个种类的兴趣,在个体产生后就会形成无形的动力,从而推动个体投入精力和时间。通常个体会优先注意和积极探索其感兴趣的事物,并主动完善对该兴趣方向的认识和了解。例如,对美术评鉴感兴趣的人,会对画展、美展,甚至是摄影展都很关注,并会认真观赏并点评、收藏、模仿自己感兴趣的作品;对古币感兴趣的人会想尽办法收集、珍藏、寻找和了解古今中外的古钱币,并深入研究。

兴趣并非只对事物浅层次的关心和关注,而是使个体产生满足感。无论是体验,还是情绪(包括获取此方面的知识或参与此类活动等),都能够令个体获得满足感，从而对兴趣相关的事物乐此不疲。兴趣的品质主要表现在以下 4 个方面，同时也体现了不同个体兴趣的差异。

一是兴趣的倾向性品质，指的是兴趣所指向的内容的品质，如兴趣是指向物质方向，还是精神方向，以及指向的内容是高尚的，还是卑劣的。

二是兴趣的范围品质，指的是兴趣涉及内容的范围的大小。若兴趣涉及内容的范围广泛，则能够促进个体获取更多的知识；对若兴趣涉及内容的范围狭窄，个体获取的知识量也会偏少。

三是兴趣的稳定品质，指的是对某一方向或某些对象感兴趣的时间的长短，保持的时间越长，稳定性越好，个体才能在广泛兴趣背景下形成中心兴趣并深入了解兴趣。

四是兴趣的效能品质，指的是兴趣对活动产生作用的大小，对活动产生作用大的兴趣则效能作用高，反之则效能作用低。

（二）兴趣与爱好的关系

兴趣通常建立在个体对某项事物深刻认识的基础上，对该项事物产生了情感后，才会逐步形成探索和从事的欲望，最终成为兴趣。对该项事物的认识越深刻，产生的情感越丰富，兴趣也就会越深厚。

爱好是兴趣的发展和行动，兴趣是爱好的前提条件。爱好和兴趣的不同之处为不仅会优先注意该事物，对该事物或从事该工作产生的向往心情，而且会付诸行动。

兴趣和爱好通常会受到社会性制约和遗传环境影响。例如，不同文化层次、不同职业、不同环境影响下的人，兴趣和爱好通常会有较大的差距，这些影响因素就是社会性制约；父母的兴趣和爱好、时代的变化等，也会对个体的兴趣和爱好产生影响，尤其是不同年龄阶段的特性对兴趣和爱好的影响极大（通常少儿时期的人会对绘画、歌舞等充满兴趣，而青年时期容易对文学和艺术等产生兴趣，成年后则会对某种工作或某类职业产生兴趣）。

从这一点来看，兴趣和爱好会随着年龄的增长、知识的积累、阅历的丰富而转移，同时时代变迁和社会发展下形成的不同物质条件和文化条件也会对个体的兴趣产生影响。兴趣和爱好的变化，通常是以个体的需求为前提。

（三）兴趣的培养

激发出的兴趣大部分为直接兴趣，即个体对某项事物产生想要了解的欲望。培养直接兴趣比较困难，能够培养的多数是间接兴趣，可以采用以下几种方式。

1. 提升知识储备

对事物的深刻认识是形成兴趣的前提和基础，即提升对应的知识储备。可以说知识越丰富，兴趣也会越广泛，所以提升知识储备会对兴趣的培养产生极大的益处。

2. 通过活动激发兴趣

虽然很难培养直接兴趣，但是可以通过各种方式激发，其中最为有效的方法就是开展有趣的活动来提升个体对事物或活动的渴望程度，从而激发出对该事物或活动的直接兴趣。

通常活动需要拥有丰富有趣的形式，这样不仅能使个体被新鲜事物或内容吸引，也能够令个体在参与的过程中产生情感上的满足，从而产生深入了解该事物和活动的渴望和参与的欲望，从而激发出兴趣和热情。

3. 明确兴趣目标

激发直接兴趣可以使个体更加深入地了解某项事物或内容，当直接兴趣被激发后，就可以通过明确认识该事物或内容的意义，培养个体的间接兴趣。

培养间接兴趣的目的是为了通过对兴趣目标的明确，认识到兴趣活动的意义和价值，推动个体付诸行动，具有很强的指向性和持久的定向性，保证个体的兴趣不会因为遇到问题和挫折轻易改变。

4. 根据兴趣特点培养优良品质

不同的个体因为成长环境、生活方式、所受教育、主体条件的不同，产生的兴趣也会有非常明显的个性化特征，因此可以通过自身兴趣的特点，逐步培养优良的兴趣品质。

若个体的兴趣过于广泛，即处于泛而无中心的状态，就需要加强中心兴趣的培养；若个体的兴趣过于单一，所涉及的知识面过窄，则需要使兴趣具有广泛性；若个体的兴趣易于变化，则应该增强兴趣的稳定性等。高品质兴趣的培养过程，其实是对高尚人格和高品质性格的培养，二者属于相互促进的作用和关系。

（四）职业兴趣理论

1. 兴趣与职业生涯的关系

兴趣与职业之间的关系极为密切，兴趣对个体的职业生涯有非常明显的影响，主要体现在以下3个层面。

首先，兴趣是职业选择的重要依据。个体倾向于从事或参与感兴趣的活动，就职业而言，其同样倾向于寻找与兴趣相关联的职业活动或类型，尤其是当外界环境的限制不明显时，这一点体现得更加清晰。因此，对个体的兴趣类型有了较为清晰和准确的判断，就能够在一定程度上帮助个体进行职业生涯的选择。

其次，兴趣能够提高职业生涯的适应性。当个体参与或从事感兴趣的活动或事件时，其心理状态会更加积极，有利于个体能力的展现，当兴趣和能力结合时，可以有效提高工作效率。个体从事自己感兴趣的职业，不仅其能力会发挥得更加顺畅，而且会通过不断提升自身能力来高效地完成工作，自然就可以提高工作效率，且能够长时间保持较高的效率而不会感到疲惫。

最后，兴趣可以提高个体对职业的认可度和稳定性。当个体对从事的职业感兴趣，那么从事该职业就更容易使其获得满足感和成就感，若不考虑经济因素，很多时候兴趣对个体的工作满意度和稳定性起到决定性作用；个体对工作的认可度也在一定程度上与兴趣有关，若个体对某职业感兴趣，那么就更容易对该职业的活动持肯定态度，甚至会积极思考和探索，从而再次提高个体对该职业的认可度。

2. 职业兴趣理论

职业兴趣为个体的兴趣在职业方向上的外在表现，即个体对某种职业活动产生的较为稳定且持久的心理倾向，优先注意且对其有较高关注度，并期望从事该职业。

职业兴趣通常直接影响个体在未来从事职业时的态度和成就，而兴趣向职业兴趣的转化，最关键的制约因素就是个体能力，毕竟个体没有与之相匹配的能力，就无法胜任工作；除了个体能力之外，职业兴趣还要求个体拥有责任意识，即需要个体承担职业责任。也就是说，职业兴趣其实是兴趣融合能力、责任后的综合体。

对职业兴趣的研究中，比较知名的是约翰·霍兰德（John Holland）的职业兴趣理论。霍兰德是美国著名职业指导专家，于1959年提出了职业兴趣理论，带来了极为广泛的社会影响。

霍兰德认为个体的人格类型及兴趣与职业相关性极高，兴趣是个体进行活动的巨大动力，若个体对某职业有极大兴趣，将明显提高个体从事该职业的积极性和舒畅度；职业选择则是人格的延伸和表现，人格的特质在职业上就表现为职业兴趣，不同的个体会拥有不同的职业兴趣，而不同的职业兴趣则会从事不同的职业。

霍兰德将人格分为6种类型，分别是实际型（实用型，R）、调研型（研究型，I）、艺术型（A）、社会型（S）、企业型（E）和常规型（事务型，C）。工作环境同样也可以分为6种类型，与上述人格类型的分类一致[①]。霍兰德认为，个体的人格类型与工作环境之间的适配，会对个体的工作满意度、职业稳定性、职业成就感等产生很大的影响。

霍兰德的职业兴趣理论是由4个假设组成，人格类型和工作环境类型就是其中两个假设。第三个假设是个体尽量寻找符合自身职业兴趣且令能力充分发挥的职业；第四个假设是个体的行为表现是兴趣和环境相互作用的结果。根据以上4个假设，若个体能够清晰界定自身的人格类型，以及敏锐地辨识环境类型，那么其就能较为精准地预测最适宜自身的职业选择和社会行为等。霍兰德的职业兴趣理论下，职业兴趣类型与典型匹配职业如表3-2所示。

表3-2 职业兴趣类型与典型匹配职业

职业兴趣类型	对应人格特点	典型匹配职业
实际型（R）	喜欢运用工具，以及操作性工作，动手能力极强且动作协调，社交能力较差，喜欢独立做事。通常喜欢较为具体的任务或工作，处理与人相关的事务较为保守，而且做任何事均比较谦虚	典型匹配职业是技术性职业或技能性职业，要求具备机械能力，对与机械、工具、器材、动物、植物等相关的职业感兴趣。典型职业包括摄影师、制图员、机械装配、计算机硬件等技术职业，技工、厨师、修理、木匠、农业及一般劳动等技能职业

[①] 褚德清，尹克寒，宋婷. 大学生职业生涯规划与就业指导[M]. 成都：电子科技大学出版社，2019：55-59.

续表

职业兴趣类型	对应人格特点	典型匹配职业
调研型（I）	喜欢思考但不喜欢动手，特点是抽象思维能力较强，通常知识渊博且有学识，喜欢独立且富有创造性的工作，不善领导他人，考虑问题比较理性且求知欲强，通常会运用逻辑分析和推理来探索未知领域	典型匹配职业是科研类职业，对要求分析能力、智力、抽象力的定向研究类职业感兴趣。典型职业包括科学研究员、教师、医生、系统分析、数据分析、编程人员、工程师等
艺术型（A）	追求完美，有很强的创造力，个性明显且渴望通过表现来实现自我价值，做事比较理想化却不注重实际，善于表达且内心丰富，敏感度较高，通常拥有艺术才能	典型匹配职业是艺术类职业，对语言、审美、细微感受能力，以及对行为、颜色、声音、形式审美要求较高的职业感兴趣。典型职业包括演员、导演、雕刻、建筑、摄影、广告、设计等艺术类职业，歌唱家、作曲家、乐队等音乐类职业，小说、编剧、诗人等文学类职业等
社会型（S）	喜欢与人交往，关心社会热点，善于言谈，喜欢教导他人，渴望改变社会问题，并看重社会义务和社会道德，希望拥有极为广泛的人际关系	典型匹配职业是社会工作和教育工作，对要求拥有启迪力、教育力，以及帮助他人的职业感兴趣。典型职业包括教师、教育行政等教育类职业，咨询师、公关人员等社会类职业
企业型（E）	喜欢竞争、追求物质财富和权威，具有较强的领导才能，有野心且敢于冒险，习惯以利益得失或权力地位来衡量做事价值，为人较为务实，做事的目的性较强	典型匹配职业是领导类职业，对要求具备管理、劝服、监督、领导才能，实现社会目标的职业感兴趣。典型职业包括项目经理、销售人员、营销管理、企业领导等组织管理类职业，政府官员、法官、律师等社会类职业
常规型（C）	喜欢接受他人的领导和指挥，做事喜欢按计划和规章进行，不喜欢冒险和竞争，但极为注重细节，做事条理性强，比较保守和谨慎，缺乏一定的创新性和创造力	典型匹配职业是辅助类职业，对要求注重细节、条理性、系统性、精确性，需要根据特定程序或要求进行的职业感兴趣。典型职业包括会计、秘书、办公室人员、投资分析、行政助理、图书馆管理员、出纳等

以上所说的人格类型和职业兴趣类型是理想状态下的单一模式,现实中大多数人并非仅有其中一种特性,而是同时有多种类型的特性。霍兰德认为,个体属于的人格类型中,特性越相似则相容性越强,在选择职业时就会存在较少的内在冲突,从而减少犹豫,更准确和清晰地选择恰当的职业。

某些人格类型和职业兴趣类型的特性的相似度较高,具有较强的相容性;某些则相似度较低,甚至处于相对状态。针对这种特性,霍兰德建立了职业兴趣六角形模型,以便分析多类型个体的职业兴趣和性向。其建议将6种人格分别置于六角形的一角,以便表示6种人格相邻、相隔、相对的关系(图3-2)。

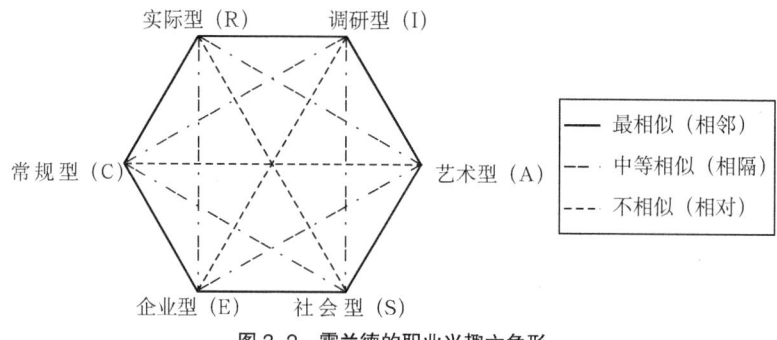

图3-2 霍兰德的职业兴趣六角形

可以看出任何一种类型都会和其他类型产生不同程度的关系。相邻属于共同点较多且极易相容的关系;相隔属于共同点较少且不易相容的关系;相对则属于无共同点且无法相容的关系。通常情况下很少有个体同时对处于相对关系的两类职业感兴趣。

霍兰德的职业兴趣理论为职业生涯的辅导提供了一个重要的理念,即将个体的特质与带有这类特质的职业结合,通过对自身能力和兴趣的探索,提高对同特质工作的探索,从而拉近自身与职业的距离,快速完成职业探索和尝试。

该理论指出,匹配职业通常是一大类内容有关联且与个体兴趣相近的职业,可以在潜移默化中引导个体积极主动地对职业进行探索并选择。个体本身就是一个具有多种兴趣类型的综合体,因此在通过该理论评价和匹配职业类型时,可以将位居前3的类型按高低分数依次排序,构成最终的兴趣组型后,再去匹配对应的职业类型。另外,影响职业选择的不仅是兴趣类型,还有社会对职业的需求和获得对应职业的可能性,最终通过对相邻职业环境的选择,寻找更容易获得的职业方向。个体则需要在选择职业后,适应职业环境等。

第三节　职业价值观和职业能力探索

个体的职业性格和职业兴趣通过内在因素对职业选择和职业生涯规划产生影响,通常这种影响会贯穿个体职业生涯。除此之外,个体进行职业选择和职业生涯规划,还受到职业价值观和职业能力的影响。其中,职业价值观会影响个体对职业的认识程度和认知态度,以及对未来职业目标的确定和追求;而职业能力则会对职业选择后的工作效率和职业发展速度产生巨大影响。

一、职业价值观探索

职业价值观是价值观的职业化延伸,属于价值观在职业方面的表现,因此探索职业价值观需要先了解价值观。

(一)价值观概述

价值观就是个体对接触到的客观存在,包括人、事件、事物等,以及对自身行为的意义、作用、效果、重要性等进行总体评价,属于区别好坏、明辨是非、划分重要性的主观心理倾向。从价值观的含义可以看出其是推动和指引个体采取行动、进行决策的内心标准和原则,是个体心理成熟的核心元素之一。

通俗来说,个体可以通过对世界的认识,挖掘客观存在对自身的意义,从而对人生进行设计,确立目标并为之奋斗,这些均由价值观支配。受到价值观影响,个体会对外界事物和行为产生主观评价,包括学习、劳动、享受、成就等,并按好坏、轻重排序,最终形成认知体系,即价值观体系,其是决定个体行为和态度的基础。

1. 价值观的类型

个体价值观的架构和形成,受制于人生观和世界观。个体出生后,在家庭环境和社会环境的影响下,受不同的社会生产方式、经济地位、家庭教育模式的影响，逐步形成价值观。

不同的生活、教育经历，使个体的价值观多种多样。通过对生活模式、行为态度、认知体系的分析，德国教育学家、心理学家爱德华·斯普朗格（Eduard Spranger）将价值观分为了6种类型。

第一种是经济型，比较强调学以致用且重视实用价值，拥有很强的现实主义倾向和实用主义倾向，习惯以行为带来的经济效益为依据来判断其价值。

第二种是理论型，习惯用理论理解和解释事物，通常会将现实事件纳入理论体系，对真理和抽象事物的探索兴趣较大，且厌恶不合乎道理的事务。

第三种是审美型，比较重视自身形象，厌恶现实中争名夺利的行径，认为只有令自身美的体验才是有价值的，甚至为了避免卷入纷争而对事务较为冷漠。

第四种是政治型，通常会将整个社会关系简单看成支配与被支配的关系，认为支配、领导他人的行为最有价值，习惯将人生看作斗争平台，甚至为了提升人生地位不择手段。

第五种是社会型，属于与经济型、政治型相对的价值观，认为关爱他人和被他人关爱，彼此互相帮助才是最有价值的，其人际关系通常极为真诚且纯粹。

第六种是宗教型，认为较为神秘的体验是最有价值的事务。此类型价值观有数种偏向：有些偏重于尊重现实，有些偏重于寻求超越现实，有些则处于二者之间。

以上6种类型是理论分类，个体通常不会只有单一类型的价值观，而是由多个特性融合而成的综合型价值观，且会因为其认知及融合程度的不同，形成不同的价值观。

2. 价值观的特性

个体形成的价值观主要有以下3个特性。

首先，价值观带有很强的主观性。因为不同个体的先天条件不同，后天生长环境、经历也有所不同，所以对个体价值观的形成有不同的影响，最终根据个体的理解和认知，形成带有极强主观特色的价值观。这就造成在同样客观条件下，拥有不同价值观的个体的动机模式、行为模式也会有差异。

其次，价值观具有相对稳定性和相对持久性。价值观属于个体思想认知的深层基础，主要由其世界观和人生观决定，并随着个体认知能力的发展和在外界的影响下逐步形成，一旦形成，就具有相对稳定性和相对持久性。例如，特定的时间、地点和条件下，个体对某些事物的看法和评价在外界条件不发生巨大变化的情况下，不会产生巨大的变动。

最后，价值观具有一定的历史性和选择性。因为个体的价值观是从出生开始就受到个体认知、家庭环境、社会环境、人生经历等的影响，所以其所处环境的情况会对价值观的形成起决定性作用。通常所说的"三年一代沟"，就是时代特征塑造出的个体价值观的巨大差异。从这个角度来看，价值观也会随着环境改变、经验积累、认知程度的变化而变化。

3. 价值观的作用

个体的价值观对自身行为和认知调节起很重要的作用，尤其是对自我认知方面起决定性作用，其能够直接影响个体的信念、生活目标、理想和发展方向等。价值观的主要作用体现在以下两个方面。

一是对个体的行为动机产生导向作用。同样的客观条件下，拥有不同价值观的个体会产生不同的动机、行为模式，其主要由个体价值观支配，只有经过其价值观体系判断后认为是可取的目的，才会最终转化为行为动机，并发展为个体行为。二是会反映个体对客观世界及事物、行为结果等的看法和评价。价值观属于认知信念和标准，代表了个体对事件和行为的好坏、对错、喜恶的评判意见。这种评判意见会成为个体进行选择的标准。

4. 价值观与职业的关系

不同的职业在劳动的性质、强度、难度、条件、待遇上，都会有不同的区别，且职业的所有制形式、稳定性、发展趋势、经济性、社会性等方面都有差别，这就形成了各种差异化很大的职业体系。

个体对各种职业会产生极为不同的主观评价，这一方面是由个体的价值观决定，一方面则是由职业差异决定，还有一方面是由传统思想观念影响，即不同职业在民众心中的声望和地位有高低之分，这些评价都会在一定程度上影响个体的职业价值观，甚至影响个体的职业方向和岗位的选择。

从此角度来看，价值观和职业的选择、职业生涯的规划息息相关，如个体的价值观影响了最初其对某职业的评价和认识，这种评价和认识虽然会随着个体对此职业的了解发生一定的改变，但最初的评价和认识非常容易占据绝对地位，并影响个体对职业的选择。

(二）职业价值观的分类

个体的理想、信念、期望及动力对职业的影响集中体现在职业价值观上。通俗来说，"人各有志"中的"志"表现在职业发展和选择方面就是职业价值观，即个体在职业生涯中表现出来的一种价值取向。通常个体的择业标准、职业评价就能够清晰地体现其职业价值观。

根据不同的划分标准，职业价值观也有不同的划分，由中国学者划分的12类职业价值观如下。

1. 兴趣特长类

拥有此类职业价值观通常是个体将自身兴趣和特长作为选择职业的最主要因素，并且可以在选择从事的工作中得到成就感和乐趣，甚至会为了从工作中获得成就感和乐趣，拒绝做不喜欢和不擅长的工作。

2. 收入财富类

拥有此类职业价值观的个体通常将薪酬作为选择工作的重要依据和因素，选择职业的目的或动力也主要源自对收入和财富的追求，希望通过薪酬改善生活质量，并彰显地位和身份。

3. 自由独立类

拥有此类职业价值观的个体通常渴望高自由度，充分掌握属于自己的时间和行动，希望工作中弹性十足，约束较少，不希望和太多人产生工作关系，属于不想受制于人，也不想制人的状态。

4. 权力地位类

拥有此类职业价值观的个本渴望拥有较高的权力，并希望通过影响或控制他人，实现自身意志，同时会认为拥有较高的权力和地位才能够受人尊重，在获取权力和地位的过程中获得成就感和满足感。

5. 自我实现类

拥有此类职业价值观的个人在选择职业时，通常期望其能够为自身提供更多的平台和机会，以便使自身能力、技术等得到全面运用和施展。在运用自身能力、技术时，会得到满足感和成就感，从而感受到自我价值。

6. 自我成长类

此类职业价值观选择职业的最主要目标是给予其锻炼和培训的机会，能够丰富个人经验、阅历，提高能力，在获得更多经验的过程中得到满足。

7. 人际关系类

拥有此类职业价值观的个人会将工作过程中的人际关系看得极为重要，渴望创造一个和谐、友好且彼此关爱的工作环境，同样也希望能够在这样的工作环境中实现自身价值。

8. 环境舒适类

拥有此类职业价值观的个人将工作环境看得极为重要，只有在工作环境舒适宜人的情况下，才会感到舒心和宁静。

9. 身心健康类

拥有此类职业价值观的个人将自身身体、心理健康看得极为重要，无论选择哪种职业都会避免过度劳累、危险，同时也会避免工作中处于紧张、恐惧和焦虑的状态，身心健康就是其获得的最大成就。

10. 社会需求类

拥有此类职业价值观的个人通常会具有很强的社会意识，期望通过职业为集体和社会做出贡献，并响应组织和社会的号召。在做出贡献时，会获得极大的成就感。

11. 工作稳定类

拥有此类职业价值观的个人渴望较为稳定的工作，不希望遭遇由时代发展造成的职业变动或组织变化，追求的是职业稳定平安、避免奔波寻找机会等，能够稳定在某职业就会获得极大的成就感。

12. 追求新意类

拥有此类职业价值观的个人渴望更加丰富多彩的工作和生活，喜欢变化和创新，甚至希望工作内容经常出现变化。当长时间进行同一类工作内容时会感到单调枯燥，但新鲜的工作内容出现后就会极富激情。

（三）影响职业价值观的因素

影响个体职业价值观的因素主要有3个方面，分别是发展因素、保健因素和声望因素。

发展因素主要指的是和个人发展相关的各种职业要素，包括发挥才能、工作自主性、工作机会、竞争模式、工作挑战性、培训学习机会、晋升机会、专业方向、发展空间、产业趋势、与兴趣爱好的匹配度等，这些职业要素都和个人的提升、发展有巨大关系。

保健因素主要指的是与个人生活、福利待遇等相关的职业要素，包括工资待遇、福利待遇、保险待遇、职业发展稳定性、工作环境舒适度、交通条件、生活便利度、工作时长等,这些职业要素都和个人的生活保障相关,因此被称为保健因素。

声望因素主要指的是与个人职业声望或社会声望相关的职业要素,包括产业知名度、产业发展趋势、企业知名度、企业规模、产业社会地位、行政级别等,这些职业要素都和个人的职业或社会声望有关。

以上3个方面都会对个体的职业价值观产生影响,从而在其职业选择和职业衡量时产生影响,不过不同因素对职业价值观的影响程度有所不同,如有些个体对工作环境舒适度、交通条件的关注度极高,那么对应的职业条件就会成为个体是否选择该职业的决定性因素。

(四)大学生职业价值观的确立

不同的时代和社会发展背景下,个体的职业价值观、择业取向会有很大的差异。以大学生而言,不同的学生拥有不同的生活阅历、家庭环境和思想观念,其生活的地域习惯和风俗也不同,同时每个大学生都有独特的兴趣爱好,因此最终的择业价值取向也会有很大的差距。

1. 大学生择业价值取向特征

大学生择业价值取向有以下几个特征。首先,大学生在职业追求方面更加注重职业是否能够实现的个人价值,也就是说其会考虑职业对自身的影响较多,考虑职业的社会价值较少,即该职业能够为社会和国家产生何种价值。这其实是价值取向的失衡,在考虑职业对个人价值影响的基础上,还需要考虑到职业对社会和国家价值的影响。

其次,大学生在择业时会将经济收入和福利因素(经济利益)放在首位,这种择业价值取向会影响其对职业生涯方向的认知,甚至影响其职业生涯规划。相对而言,择业过程中,职业为个体带来的各个方面的影响都应该考虑在内,包括经济收入、未来发展、专业和能力的发挥、社会需求等,而不是将经济利益放在首位。

再次,大学生择业时,普遍向往发达地区,这在个人角度来看无可厚非,但对整个社会的发展存在极大弊端,很容易影响边远、贫困地区的发展和蜕变。

最后,大学生对职业方向的选择,可能会因为个体价值观的差异,而在学与用、生活目标与长远发展、物质享受与精神理想之间产生一定的冲突,从而将学习期间获得的知识与经历简单看作技能的获取，从而缺失在择业时应该具备的精神素质和文化底蕴。

2. 树立职业价值观的注意事项

大学生的高校学习生涯是进入社会职场前非常重要的准备阶段，在树立职业价值观的过程中，需要注意以下几方面的内容，从而为后续合理的职业生涯规划打下坚实的基础。

第一，要注意处理好职业报酬和职业价值观的关系。职业报酬是确立职业价值观时首要面对的内容，对于大学生而言，若家庭经济条件不好且生活中经济需求较大，那么将高职业报酬作为初期职业发展的主要需求并无过错，但部分刚毕业的大学生，其知识、能力、经验等无法匹配高报酬职业，所以进行职业选择时一定要避免"一夜暴富"的心理，前期需要理性降低对报酬的期望值，将眼光放长远，在满足基本经济需求的条件下，尽可能树立促进自我成长和自我实现的职业目标。

第二，要注意处理好兴趣爱好、特长与职业价值观的关系。个体的兴趣爱好、特长是职业生涯发展中的重要参考因素，作为大学生同样如此。因此，确定职业价值观时要慎重考虑是否与自身的兴趣爱好、特长适应和匹配，若选择与自身兴趣爱好、特长匹配的职业，能够充分调动个体潜能，形成职业发展原动力。

第三，要注意处理好职业价值观的排序和取舍。个体的职业价值观并非唯一，其会随着个体的发展、社会需求、目标追求、能力的提高等条件的变化而变动，也会因个体的欲望而多种多样。在进行职业选择时，个体不可能通过一个职业发展方向将所有目标和期望都实现，所以在选择过程中一定要懂得取舍。可以先将职业价值观按重要、次要、可有可无等排序，从而在进行职业选择时，目标更加清晰。

第四，要注意处理好个体与社会之间的依存关系。任何个体都无法离开社会独立存在，所以在进行职业选择时要将职业对社会的贡献和价值纳入职业价值观中，即在考虑个人需求和个人因素时，也要考虑到社会责任，从而推动个体选择更适合其发展，并且有助于社会发展的职业。

第五，要注意处理好个体名利的得失关系。追逐名和利是个体的基础欲望之一，尤其是职业发展中，追名逐利无可厚非，但必须要处理好名利得失的关系，不能一味追名逐利，却有损他人或社会发展，只有合理、合法、公正、公平地追名逐利,才能够在促进个体生活水平提高、精神满足的基础上,对社会产生益处。

二、职业能力探索

个体只有对自身能力拥有正确且较为客观的认识后,才能够在设计职业生涯规划、选择职业方向、确定职业发展目标和制定职业发展计划等方面得心应手,错误估计自身能力可能会令个体对自身的职业定位产生偏差,从而无法在职业生涯中更好地发展与成长。若对自身能力预估过高,且对自身能力的特点认识不准确,那么职业定位时就可能出现与自身不匹配的现象,在职业活动中就很难达到预期,最终陷入自我挫败感之中;若对自身能力预估过低,且对自身能力特点认识不准确,就容易浪费自身才能,无法得到更好的发展,从而难以获得成就感。

(一)认识个体能力

能力指的是个体顺利完成某项活动所需要的主观条件和水平,是个体在完成某个任务或目标过程中体现出来的素质。从其含义就可以看出,能力通常会和实践活动紧密联系,若离开实践活动就无法表现出个体的能力,也就无法使个体的能力得到提升。

1. 个体能力体系

个体能力是一个多能力融合的综合体系,每个人具备的能力都不仅有一种,而是多个方面,甚至是多个层面的内容,包括观察能力、组织能力、沟通能力、领导能力、创造能力、适应能力、联想能力、想象能力、记忆能力、号召能力、学习能力等。

如今是知识经济时代,新鲜的事物、知识层出不穷,因此学习能力是最重要的能力之一,只有不断学习才能够跟得上时代前进的步法。

个体的能力体系中,通常会包含相对较强的能力,也包含一般的能力和较差的能力,最终这些能力以特定的结构结合,形成了个体能力。不同个体的能力结构也会有所不同,形成了具有极大差异的个体能力。

因为个体能力的差异,所以在各种实践活动中处理的方式方法也各不相同,也就出现了完成同类任务活动,但有不同的过程或结果的现象。例如,两个人都能够很好地完成同一团队的管理,但管理方式却有极大的差距。一人可能会通过个人的沟通能力、技术能力、教导能力等完成管理；另一人可能会通过信息收集和调查能力、分析能力、精准决策能力等来完成管理。

2. 提升个体能力的方式

可以通过以下 3 个步骤来提升个体的能力。

首先，需要了解自身能力的优劣，找到最突出的能力，并通过活动，分析其最需要的能力。将需要的能力分解，找到个体能力体系中最欠缺的部分，通过对欠缺能力和自身的分析，确定能力提升的目标。可以通过列表的方式来逐一寻找，这样需要提升的目标就会一目了然，努力的方向也就极为清晰。

其次，需要在罗列的目标的基础上，结合自身情况制订出提升对应能力的行动计划。制订计划时需要注意两个内容。一是剖析自身的知识结构和能力架构，从合理优化知识结构的角度来制订计划，因为知识结构和能力架构属于个体能力的核心基础，只有建立和完善合理、科学的知识结构和能力架构，才能有效提升自身能力。二是要尽可能发挥自身优势能力，使优势能力结合需求弥补对应的短板，令优势更优，呈现出压倒性特征，完善能力架构；若任务活动确实需要自身不擅长的某种能力，那就必须通过努力将该短板补齐，在满足任务需求的同时完善自身；若在努力后发现自身性格和习惯无法将短板补齐，那么就需要考虑转换职业道路。

最后，行动计划制订后，最重要的一步就是要将计划付诸行动，通过行动来锤炼自身。能力的形成虽然是基于知识的掌握和积累，但有了知识仅仅是纸上谈兵，还需要结合实践和行动才能将知识转化为最终的能力。需要注意的是，行动过程中，要将自己学到的知识、方法、工具等运用到实践中，并及时根据实践的反馈来完善知识结构，最终将其发展为能力。

（二）大学生的职业能力

职业能力是个体在顺利完成职业的各种活动时表现出来的较为稳定的心理特征和素质水平。大学生需要在了解职业能力构成的基础上，通过能力倾向测验来增加对自身能力体系的了解，从而在职业生涯规划和职业选择时能有所参考，并能根据职业现状来明确能力体系的改善方向，加强自身职业适应能力和职业应变能力。

1. 职业能力的构成

职业能力通常包含以下三大基本要素：步入职场后表现的职业素质，主要表现为基础职业能力；为胜任某职业必须具备的能力，主要表现为任职资格或专业能力；开始职业生涯后需要具备的职业生涯规划和管理能力，主要表现为职业能力。

（1）基础职业能力

基础职业能力指的是任何职业均需要具备的几种基本能力，包括表达能力、人际交往能力、实践能力、适应能力、创造能力、心理调控能力、管理能力、终身学习能力等。

表达能力可以细分为文字运用能力、语言运用能力、数学运用能力等。人际交往能力可以细分为团队协作能力、汇报能力、总结能力、基础沟通能力等。实践能力主要表现为行动能力，包括手眼协调能力、形体知觉能力、颜色分辨能力等。适应能力表现为环境适应能力、应变能力、危机化解能力等。创造能力主要表现为创新思维和行动，包括观察能力、洞察能力、探索能力、研究能力、分析、判断、最终解决问题的逻辑思维能力等。心理调控能力表现为遭遇挫折时良好的心理承受能力、快速调整心态的能力等。管理能力主要分两个部分：一是自我管理能力，即规划自身、制订计划、实施计划等能力；二是组织管理能力或团队领导能力，即运用管理知识影响组织或团队的活动，从而达成最佳工作目标的能力。终身学习能力指的是不断获得新知识的能力，这也是永远居于时代浪尖不被淘汰的重要能力，包括信息收集、信息处理、信息分析、信息转化等。

（2）任职资格或专业能力

任职资格或专业能力主要体现在不同职业的需求方面，这是求职者胜任岗位必须具备的工作能力，也是供职方对求职者较为硬性的要求。例如，应聘教师岗位，需要具备基本的教学能力，通常以教师资格证（任职资格）作为标准。对大学生而言，最基本的专业能力就是对应专业的任职资格证书和高校毕业证书等。

不同的职业通常需要不同的专业能力，因此大学生在进行职业生涯规划时，需要有针对性地匹配职业和专业能力，从而有计划地提升自身的专业能力，确保能够满足职业的专业需求。

（3）职业能力

职业能力综合了个体各方面的能力元素，在当前知识经济时代越来越受到关注，其主要包括以下4个方面。

首先是个体的职业道德，属于个人能力层面。随着中国社会和经济的快速发展，个体的诚信、社会责任心、品德等越来越受重视，个体拥有完善、正向的职业道德，很容易发展出爱岗敬业、工作负责的态度特征，属于影响其整个职业生涯发展的核心关键能力。

其次是个体的社会能力，属于行为准则层面，包括个体的沟通能力、协作能力、自律能力、公正的判断力、谦虚宽容的处世能力等，这些社会能力是个体胜任岗位，并在工作中不断提高、快速发展的重要条件。

再次是个体的方法能力，属于个人规划和行动层面，主要包括以下3个方面的内容：一是收集、筛选信息的能力；二是制定计划、独立决策和行动实施的能力；三是自我评价和自我反思的能力。这是个体实现终身学习，以及与职业生涯发展相匹配的基础条件。

最后是个体的跨界发展能力，属于个人开拓层面，是其在不同职业和岗位之间跨越的延伸条件。通俗来讲就是个体要拥有能满足多种职业需求的基础能力，如运用外语解决技术问题、进行交流的能力，应用计算机专业软件的能力等。

作为大学生，在毕业之前就应该具备一定的职业能力，以便适应步入社会之后的职业需求，职业能力分类及大学生应具备的职业能力如表3-3所示。

表3-3 职业能力分类及大学生应具备的职业能力

	三大基本要素	职业能力分类	对应的能力	大学生是否必备
职业能力分类	基础职业能力	表达能力	文字运用能力	是
			语言运用能力	
			数学运用能力	
		人际交往能力	团队协作能力	是
			汇报能力	否
			总结能力	否
			基础沟通能力	是
		实践能力	手眼协调能力	是
			形体知觉能力	
			颜色分辨能力	
		适应能力	环境适应能力	是
			应变能力	
			危机化解能力	

续表

三大基本要素		职业能力分类	对应的能力	大学生是否必备
职业能力分类	基础职业能力	创造能力	观察能力	是
			洞察能力	否
			探索能力	否
			研究能力	否
			逻辑思维能力	是
		心理调控能力	心理承受能力	是
			心态调整能力	
		管理能力	自我管理能力	是
			组织管理能力或团队领导能力	
		终身学习能力	信息收集能力	是
			信息处理能力	
			信息分析能力	
			信息转化能力	
	任职资格或专业能力	职业需求的能力	各专业性能力（由不同专业大学生所学的专业知识和技能转化）	是
		职业道德	基本诚信	是
			社会责任心	
			品德	
		社会能力	沟通	是
			协作能力	是
			自律能力	否
			公正的判断能力	是
			谦虚宽容的处世能力	否
职业能力分类	职业综合能力或关键能力	方法能力	收集、筛选信息的能力	是
			制定计划、独立决策和行动实施的能力	否
			准确自我评价和自我反思能力	否
		跨界发展能力	多职业基础能力	否

一定的职业能力是胜任某岗位的必备条件，大学生了解自身的职业能力，可以明确努力方向，这也是职业能力发展的前提和基础。大学生可以根据上表罗列的相关能力分析，有针对性地补齐短板，从而为职业生涯规划和未来职业生涯发展创造便利。

2. 大学生职业能力的培养

作为大学生，可以充分运用高校资源，有针对性地培养、提高职业能力。

（1）通过专业知识，学习、培养专业能力

通常大学生所学专业都对应特定的行业或职业，学习的专业理论、专业技术等是对应职业的核心内容。

专业知识的学习和强化需要从以下3个层面入手。首先是通过努力学习专业课程，能够更快地学习和掌握相关专业知识，即使步入社会后从事与该专业不相关的职业，广阔的知识结构也能够令其获得更多机会。

其次是加强理论研究能力，尤其是专业理论的学习，不能仅仅停留在课程学习层面，而是要结合实践来丰富专业理论架构，构建起完善的专业理论框架，从而以学校的理论学习为基础，在后续工作中继续学习更高深的专业知识。

最后是需要通过学校的社会实践和培训等，逐步将专业知识向专业能力转化。这需要大学生能够结合能力体系，在实践中积累经验，并运用专业知识，将之转化为专业能力，同时需要及时反思和查漏补缺，促进专业知识体系的完善和专业能力的形成。

（2）通过学习通识知识，升拓基础职业能力

大学阶段的通识知识通常是大学生在工作、学习、生活中必须具备的基本知识，也是其能够开展职业工作的前提。通识知识普遍具有广阔的适用范围，可以有效提高大学生的组织管理能力、适应能力、沟通协调能力、创新能力等，是大学生形成基础职业能力的核心。

具体可以从以下3个方面着手提升通识知识的积累，培养基础职业能力。首先，需要广泛积累各方面知识。大学生应该注意不断拓宽知识面，构建出较为完善且稳定的知识框架，为知识的积累筑牢根基，这也是培养各种能力的前提。其次，需要不断实践，在实践中运用所学知识，能力就是在这种不断实践的过程中培养、形成的，并在实践过程中表现出来。缺乏实践行动，再广博的知识也无法转化为个体的能力。最后，需要适当挖掘和培养兴

趣爱好。兴趣爱好对能力的培养极为重要，只有在强烈兴趣的驱动之下，才会付诸更多的精力去完善对应的知识体系，从而培养出对应的能力。大学生可以围绕自身专业，逐步挖掘和发展与其相关的兴趣爱好，并以兴趣爱好为契机和支点，加强各种知识的学习。在此过程中，大学生需要注意强化自身优势，以便以优势能力为核心，构建出能力体系。

（3）通过高校的社会实践，培养职业能力

实践对于能力的培养和形成极为重要，对大学生而言，在高校学习时拥有极具优势的社会实践机会，如社团活动、毕业实习和见习、勤工助学活动等。

社团活动是高校校园文化的重要载体，更是大学生丰富校园生活、培养兴趣爱好、参与活动、扩充知识面和开阔眼界、扩大交友范围和提升沟通协调能力的重要渠道，大学生应该积极探索各种社团活动，寻找与自己兴趣爱好契合的实践内容并参与。

大学生的课余时间较充分，勤工助学活动不仅能够令大学生的课余丰富充实，而且能够提供劳动报酬，可有效减轻家庭的经济负担，另外还可以帮助大学生接触社会，为将来就业打下基础。

毕业实习和见习是大学生在高校学习期间非常重要的实践活动形式，通常由高校院系组织，能够为大学生提供社会实践的机会，同时大学生通过毕业实习和见习，能够提前了解产业、行业、职业，熟悉单位的工作方法和工作内容等，还可以向有经验的工作人员学习，对未来的职业生涯发展益处良多。

第四章 协同·大学生的环境认知、职业决策及目标

第一节 家庭环境与学校环境认知分析

不同个体因受到不同成长环境的影响,形成了不同的性格、人生态度、价值观、世界观等。综合而言,个体所处的环境主要有两类:一类是内环境,通常指的是家庭环境;另一类则是外环境,指的是家庭以外的环境。其中学校环境属种较为特殊的过渡性环境,是家庭环境和社会环境、职场环境的中间过渡环境,对个体成长、成熟的影响同样极为深远。

一、家庭环境认知分析

家庭环境指的是个体家庭中由人或事形成的内环境,通常指个体所处的家庭中父母间的融洽程度、对个体的教育方式等。

家庭环境是个体成长的根基,在个体的早期成长阶段,约有 2/3 的时间是在家庭环境中度过,而且此阶段个体会完全依赖于家庭成员,所以家庭环境对个体一生的成长方向和发展起着至关重要的作用。

家庭环境对个体的影响是多层次、多方位的,通常良好的家庭氛围(即家庭占优势的一般态度和感受)是个体形成良好心理素质的前提,该氛围是由家庭成员的语言和人际氛围综合构成,直接影响着家庭中每个成员的心理,对个体的个性和品格、道德体系根基的形成起决定性作用。家庭环境对个体的就业观念、职业选择、职业生涯规划等也有一定影响。

(一)家庭环境对个体就业观念的影响

家庭环境中,父母的学历、社会背景都会对个体的就业观念产生影响。

大学生的父母最高学历可分为5类，分别是小学及以下、初中、高中、大学、研究生及以上，不同的学历对个体教育的支持力度有所不同，且不同学历的家长，其职业背景也会有所不同。例如，父母在知识水平和经济能力方面占据一定优势，那么在子女教育方面，无论是方法，还是教育资金的投入都会更加从容，这样个体在成长过程中获取的教育资源就更具优势，知识体系也更加全面、稳固。

父母的职业声望也会对子女毕业后的就业观念造成影响。例如，父母的职业声望高，子女大学毕业后的就业结果就容易出现"三高一低"的现象，即月收入高、职业期待吻合度高、职业满意度高，但职业和专业相关度低；而父母的职业声望低，子女大学毕业后的就业结果则容易出现"三低一高"的现象，即月收入低、职业期待吻合度低、职业满意度低，但职业和专业相关度高。

从家庭环境特征来看，父母的职业声望较低的家庭中，子女毕业后的就业更加被动，这主要是因为在家庭条件的熏陶和影响下，大学生对职业岗位更加珍惜，所以会忽略自身的职业生涯规划或职业发展方向，即先就业再择业。

（二）家庭环境对个体职业选择的影响

影响个体进行职业选择的因素很多，家庭作为个体早期的主要生活环境，对其职业选择的影响极为深远。家庭环境中，父母的期望值、家庭成员的社会地位、家庭的经济情况等因素，都会在大学生职业选择的过程中留下痕迹。

这种影响会随着个体的成熟（知识的丰富、职业意识的觉醒、心理状况的成熟等）而降低，但家庭作为职业后盾力量的影响不会消失，尤其是子女在职业选择的道路上或职业生涯发展过程中出现问题时，如犹豫不决、不知所措等，都会不自觉地向家庭寻求帮助，此时父母的意志和引导就会成为子女做决策时非常主要的参考因素。

家庭环境对个体职业选择产生影响的因素主要有以下几种：父母的期望、家庭教育和养育的方式、个体的成长经历、家庭中重要的他人（父母之外）、家庭居住地、父母的职业方向、个体的出生次第、个体与父母共同的兴趣爱好等。若将这些因素按影响程度排序，首先是个体的成长经历，其次是家庭教育和养育的方式，再次是父母的期望，最后依次是家庭居住地、个体的出生次第、家庭中重要的他人、父母的职业方向、个体与父母共同的兴趣爱好。

家庭居住地对个体职业选择的影响，主要体现为在县镇村居住的个体在选择职业时，通常都不希望回到原居住地工作，而是会选择更大的城市；原本在城市居住的个体，则通常会选择回居住地所在的城市工作，或者到附近更大的城市工作。

个体出生次第主要指的是非独生子女家庭中，其出生的前后顺序，通常排行最大的个体在进行职业选择时，考虑的问题和对自身的限制较多，包括工作地点、职业报酬、榜样力量等[①]。

家庭中重要的他人通常指的是对个体影响较大、感情较深或需求较为急切的祖辈或亲属，如个体对祖辈感情深厚，但随着祖辈年龄的增长，身体频现问题，就很可能影响个体向解决祖辈身体问题的方向发展，如大学专业和职业的选择。

（三）家庭环境对个体职业生涯规划的影响

个体成长的家庭环境会潜移默化地影响个体的职业生涯规划，主要体现在以下5个层面。

一是家庭环境的影响。一部分个体在大学毕业后会选择与父母相同或相近的职业，也有一部分受到父母职业的影响，对此类职业极为排斥，这都属于家庭环境的影响。很多时候，家庭中父母的职业声望越高，个体在就业过程中依靠父母解决就业问题的可能性就会越大。

父母职业声望不同，也会对个体产生不同就业方面的心理影响，如父母的职业声望越高，个体就业时的自信心或从容度就越高，因为其就业的选择空间较广，即使无法进入某个岗位，也有信心进行其他选择。

二是家庭教育的影响。通常父母受教育程度会影响子女的就业：多数受教育程度较低的父母对职业的选择和职业生涯规划不了解，更容易关注经济收益较高的职业；而受教育程度良好的父母，对职业方向、职业选择，乃至职业生涯规划都有一定了解和认知，从而更关注子女在职业中的发展、舒适度等。

受教育程度良好的父母，因为其知识体系更加完善，所以对社会现状、社会发展、教育活动、就业机会、职业预期等信息掌握得更全面，这会对子

---

① 刘玉升. 大学生职业生涯规划与就业指导 [M]. 苏州：苏州大学出版社，2018：127-133.

女的就业能力、职业定位等产生积极影响。

三是家庭的支持力度,即家庭中成员的受教育程度和职业地位影响其对个体生涯的指导和帮助、对个体职业方向和职业选择的引导等,不同的家庭对个体的支持力度和方式也会有所不同。例如,家庭经济状况较好的个体,在就业观念、就业压力、职业选择、职业生涯规划、就业能力等问题上都会优于家庭经济状况较差的个体;在家庭经济状况相似的家庭中,父母受教育程度更高,能够给予个体的精神支持和思想支持更优越,即父母会鼓励其去追求更契合兴趣和心理需求的职业,这类个体在职业生涯规划时会更加成熟,目标也会更清晰。

四是家庭期望产生的影响,指的是家庭成员对子女职业的期望值,不同的家庭条件和家庭教育背景,父母对子女的期望值也会有所不同。通常家庭比较期望值越高,其越容易选择一些大众化和较热门的职业,这些职业普遍象征社会地位和较高收入;如果家庭期望值较低,那么其选择职业时就会比较随意,更容易将兴趣爱好作为职业的目标和方向。

五是家庭需求对个体职业的影响。不同的家庭对子女的职业需求有所不同,通常家庭经济状况较差的家庭,不论是父母还是子女,在择业过程中都会倾向于选择相对稳定、易于就业的职业方向和岗位,以便能够更快满足家庭需求,缓解家庭压力。

通常情况下,个体做出就业选择时,会以家庭需求为潜在条件,仔细权衡职业的成本、收益等,同时会将自身消耗的教育投资和就业获得收入的方式进行对比,普遍认为收入越高,"投资收益"也就越高。部分父母会将教育投入与期待值挂钩,教育投入越大,期待值越高,渴望投资回收越急切,从而会给个体带来极大的心理压力。

(四)家庭教育促进大学生进行职业生涯规划的策略

从以上各部分内容可以看出家庭教育对大学生的就业观念、职业生涯发展方向的确定、职业定位、职业选择等均有极大的影响,因此有针对性、有计划地开展家庭教育,将会对子女的成长和职业生涯规划起到促进作用,具体可以从以下几个方向着手。

首先,在开展家庭教育时,父母应该加强和子女的日常沟通,尤其是子女进入大学后,要及时通过沟通来了解子女的个性、心理状态、思想等,并有针对性地进行引导,推动大学生取长补短、完善知识体系、培养职业意识等。在此过程中，父母需要结合当代大学生的特点、子女的实际情况，有层次、分阶段地对不同的问题展开引导。

其次，父母需注重子女职业道德的培养。社会对各从业人员的职业道德水平有了更高的要求，父母应该循序渐进地引导、培养子女的职业道德，并提高职业道德水平，使其和社会发展的需求相匹配。

最后，父母应该结合社会发展的实际情况，对子女进行职业生涯规划教育和引导。开展职业生涯规划教育最主要的目的是增加子女对职业情况的了解，以便未来能够更好地融入社会，走上工作岗位。但是社会发展迅速，父母需要结合大学生自身的特点，同时以社会实际为根基开展职业生涯规划教育。例如，父母可以和子女一同了解社会上的热门和高薪职业，分析其中的利害关系，以便引导子女树立正确的职业意识。

二、学校环境认知分析

学校环境是大学生接触到的最接近社会环境的过渡性环境，但其本质依旧是教育环境，而大学生综合素质和素质体系的塑造，就有赖于教育环境的开发、引导和培养。良好的学校环境，能够促使个体产生积极健康、不断进取的情感和态度，学校环境对大学生职业生涯规划产生影响的因素主要有3个。

（一）大学的文化作用力

学校环境之中最具竞争力的核心因素，就是大学文化底蕴，这是大学得以发展并承担教育重任的根本，一所大学的文化作用力主要有以下4个层面的内容。

1. 大学的凝聚力

大学的创办和发展，都会有崇高的精神理念、由多代人共同信奉并付诸实践的价值理念贯穿始终，这是一种极具凝聚力的精神力量，也是大学发展壮大的关键因素，通常集中体现在大学的办学理念、价值追求、理想目标等方面。正是因为这种共同践行的精神力量，使大学中所有师生凝聚成一个整体，并一起为实现最终的共同目标而努力。

这种凝聚力是大学的核心和根基。例如，在抗日战争时期，大学纷纷内迁以存世，甚至校舍无存、设备不足、生活艰难、困扰连连，但这些困难并未令这些大学消失,而是秉承着延续高等教育的目标,并依托凝聚起来的精神力量求存图强,很多大学更是结合了自身的特点和优势为抗战服务。这种凝聚力不仅使高等教育得以延续,还留存了科技文化的精华,更将先进的精神和文化传播到了各处。

2. 大学的教育力

大学自诞生之日起,就已经将教育责任放到了其社会责任的首位。大学教育的本质就是通过大学文化底蕴和活动,使大学生产生社会化蜕变。

随着社会的快速发展,高等教育开始向大众化方向发展。因此,为了强化大学教育管理创新、优化教育管理工作,必须坚持"以人为本"的原则,即要在促使大学生的个性得到充分发展的基础上,实现社会化蜕变,最终成为社会需要的人才。这是大学教育力的本质,也是大学文化底蕴的传承途径。

3. 大学的影响力

大学是具有教育特点的文化机构,其并非是"象牙塔",而是与社会发展密切相关的过渡性组织,因此大学也需要随着社会的多样化需求和多领域发展模式走上更多样的发展道路,真正服务于社会。同时,需要通过大学自身的影响力,广泛推广着眼未来、探究真理的精神和创新发展的思维,给予整个社会的发展以正确的价值引导,推动社会正向发展。

4. 大学的创造力

大学聚集着一群思想极为活跃、极具创造力的人才,这种新思想和创造力的不断碰撞,也为大学带来了新知识、新文化。如今,社会发展急需这种独特的创造力,其主要来自求真务实的科学精神、多元文化的交融、多样的文化品位和价值追求,富有创造力的大学不仅需要不断培养拥有全球意识和强竞争力的创新型人才,还需要发展建设成能为社会解决重大课题、提供科学依据,乃至成果的学术基地。

(二)大学的专业设置和选择

大学的文化作用力通常会通过潜移默化的方式影响大学生的成长,从而影响大学生的职业生涯规划。大学专业的选择,则是大学生正式进行职业生涯规划和人生规划的第一步。

通常情况下,进入大学所选择的专业会与大学生未来的职业和长远的人生规划及目标息息相关,而用人单位的招聘条件,首要考虑的也是大学生的专业、就业素质、特长等。

1. 专业选择的重要性

学生进入大学后，唯有完成专业教学计划所规定的学习任务并获得认可后，才是能满足专业需求的人才，最终会获得学校赋予的专业标签。专业标签是大学生进入某类职业的有效通行证和敲门砖，尤其是对尚无工作经验和社会经历的大学生而言，专业标签显得尤为重要（能够在一定程度上提高大学生的就业成功率）。

大部分专业会有对应的就业方向。从这个角度来看，大学生选择了专业就相当于选择了未来职业的初步发展方向。从各个大学的专业设置来看，专业并无好坏之分，大学设置的专业均是社会发展需要的人才培养方向，因此作为大学生，应该根据自身的性格特点、兴趣特长、发展目标、人生追求等合理地选择专业，这样才能在大学生涯中提高学习热情，从而更快地适应大学生涯，快速提升专业素养和职业素质，为未来的职业生涯发展奠定基础，也能明确人生的初步发展方向。

2. 专业的差异性

知识经济时代的来临，使整个社会处于高度信息化和知识化的阶段，社会所需的各种专业人才之间的差异性已经越来越小，而对人才的综合知识程度的要求却越来越高。社会中的各行业和职业更看重人才的道德修养、个人气质、综合素质、知识结构、综合能力等，而不仅仅注重个体的专业能力。

在这样的背景下，大学的专业差异性也越来越小，只有在学生生涯阶段将自身培养为拥有较强学习能力，可以不断吸收、学习、转化各种新知识的人才，才能在选择的专业的基础上不断拓展，发展出更多、更全面的综合能力，最终在职业生涯发展中拥有更强悍的适应力。

所以作为大学生不能将眼光局限于选择的专业上，而是将自身置于更加广阔的天地进行全方位的学习和强化，毕竟任何个体的未来职业生涯发展，都不仅仅取决于在大学阶段的专业选择。所选择的专业通常只是个体进入恰当职业和行业的初步需求，未来的职业发展依旧需要个体的综合素质能力。

3. 专业就业对口度

专业就业对口度指的就是大学生所学专业和毕业后所从事的职业的匹配程度。随着社会的快速发展，大学生就业难的趋势愈发明显，专业就业对口度已经越来越低。

这一方面是由大学生自身的职业期待值导致,职业期望与职业现实的差距越小,职业期待值越高。通常大学生认为职业不符合期待值的原因中,首先是职业岗位收入,其占据主要地位,其次是找到与专业对口的职业比较困难,再次是职业和自身的兴趣爱好不符,最后则是行业发展趋势和行业认知。

另一方面则是由社会发展需求导致。目前,社会中的职业有两个发展趋势:一个是行业和科技的精细化发展,即职业和岗位对人才的需求越来越精准,这就容易导致刚毕业的大学生尚未发展出精细化的研究能力、工作能力,从而寻找专业对口的工作更加困难;另一个则是社会中的职业对全面型人才的需求更多,大学生毕业后可以通过合理的知识结构找到非专业对口的工作。

(三)大学职业指导服务

学校的文化作用力会潜移默化地影响大学生的成长和成熟,大学的专业设置和选择会影响其职业生涯规划,大学职业指导服务则会影响大学生的整个职业生涯,因为其涉及引导大学生设计职业生涯规划,对确定职业方向和未来职业发展的影响较深。

大学职业指导服务指的是围绕大学生的职业发展过程所提供的辅导、咨询、指导等,通常能够帮助大学生进行自我剖析、问题分析,以及提供职业咨询和导航等,引导大学生形成较为清晰、合理,且契合自身的职业目标、职业方向和职业追求等,同时推动大学生针对问题做出合理解决方案和设计合理的职业生涯规划。大学职业指导服务还可以为大学生提供就业指导和跟踪服务。

1.大学职业指导的组织架构

大学职业指导通常由3个中心构成,分别是就业指导服务中心、职业发展咨询中心和职业指导教学服务中心。

就业指导服务中心是以为大学生提供就业指导为目标,融合各种学校资源。一方面用以统筹规划大学生的就业指导服务、就业能力提升、校企合作平台建设、毕业生事务管理等工作;另一方面则是统筹管理大学生的生源审核、毕业派遣、信息采集、档案管理、技能竞赛等工作,属于大学生就业指导服务的"统筹大脑"。

职业发展咨询中心则是以引导大学生学习职业生涯规划、培养职业发展意识为目标，融合的校内外专家资源，其通常是由大学内部专业的职业指导人员和合作企业的职业生涯导师构成，主要负责对大学生职业生涯意识进行启蒙，并为大学生提供职业发展和职业心理咨询服务，通过沟通交流、企业实践、个性化职业心理疏导来实现对大学生的职业生涯指导。

职业指导教学服务中心是以系统的大学生职业发展教育和就业教育为目标，融合各类教学内容和教学手段资源。一方面是为了成立有关大学生职业发展教育和职业素质拓展、就业环境分析、就业能力提升、职业生涯规划和就业创业指导的教学团队，通过系统制定教学计划和方案，为大学生在校学习期间的职业发展和就业指导教育工作服务；另一方面则结合了创新教学形式和教学理念，以便为大学生提供个性化就业指导服务和就业跟踪服务等。

3个中心为相辅相成的服务模式。首先是由职业指导教学服务中心完成职业发展和就业指导教育的辅导，帮助大学生发现自身存在的问题，明确职业发展方向，并设计职业生涯规划；其次是职业发展咨询中心进行个性化沟通，引导大学生根据设计的职业生涯规划采取行动，实现蜕变；最后通过就业指导服务中心的引导和推动，落实大学生的毕业手续办理和求职面试等。

2. 大学职业指导的服务阶段

大学的3个中心，为大学生在以下4个阶段提供职业指导服务，分别是职业生涯规划教育阶段、就业能力提升阶段、就业指导服务阶段和就业跟踪服务阶段。

（1）职业生涯规划教育阶段

职业生涯规划教育阶段贯穿了大学生的整个学生生涯，通过不同学期设置的不同的教育课程，实现职业生涯规划教育的全覆盖，确保大学生了解制定职业生涯规划的各个元素。教育内容包括职业生涯认知、职业测试、规划指导、职业竞赛4类。

职业生涯认知是从入学就开设的课程，目标是令大学生熟悉职业生涯的概念，并形成自我认知、环境认知，在了解整个职业生涯规划内容的基础上，引导大学生合理进行职业决策、生涯的制定和规划的实施，并形成契合自身的短、中、长期不同阶段的职业生涯规划书。

职业测试是从大学生的个性差异着手，对其进行个性化、科学化的职业指导，通过专业的测试来帮助大学生剖析自身，深入进行自我认知，充分了解自身性格特征、兴趣爱好、优劣势等，从而能够制定自我完善计划，并设计合理的职业生涯规划。

规划指导是在大学生对职业生涯有充分认知和充分的自我认知基础上,指导其树立正确的职业意识和职业生涯规划观念,并指导大学生设计和制定职业生涯规划书,使规划书更加科学合理,引导大学生根据主、客观条件的变化及时对规划书和方案进行调整。

职业竞赛则是通过竞赛来推动大学生实践、尝试,使其快速成长。这些职业竞赛包括职业生涯规划大赛、就业与创业知识竞赛等,可以有效帮助大学生加强自我认知的同时,发现他人优势,形成良性竞争意识,推动自身的提高。

(2)就业能力提升阶段

大学生的就业能力提升阶段和职业生涯规划教育阶段相重合,主要有3个需要提升的内容。一是理论水平的提升,主要通过大学的综合性就业理论教学,促进大学生了解和熟悉与职业生涯规划和就业相关的知识,不仅完善了知识理论体系,而且为后续职业选择和规划的制定打下基础。二是实践能力的提升。是在大学生理论知识水平提升的过程中,通过实践行动促使理论知识转化为能力。实践可以帮助大学生体验职业状态、了解职场情况及工作现实情况。三是心理素质的提升,其贯穿整个大学生涯,甚至延续到大学生就职后,主要有3个阶段的心理转变需要注意。一是从中学生到大学生的身份转变和心理转变,需要明晰大学生涯的目标和任务;二是在职业认知过程中职业意识的转变,推动大学生了解职业并形成职业意识;三是从大学生到职业人的身份转变和心理转变,促使大学生洞悉职业需求和社会需求,并构建职业道德体系。

(3)就业指导服务阶段

大学的就业指导服务主要是由就业指导专业人士向大学生提供辅导和帮助,使大学生对职业发展方向、职业特征、职业生涯规划等产生专业化认识。

大学中,能提供就业指导服务的人员有4类,分别是企业导师,即在企业中工作的专业人员通过在学校开展讲座或座谈,对大学生的职业发展进行指导,主要讲授的是企业择人标准、职业岗位要求、入职初期的自我定位、合理设定职业目标等内容。

专家学者,即取得中级或高级职业指导师资格的专业人员,在就业指导方面拥有极其丰富的经验,可以与学校合作,在特定的时间为大学生提供咨询服务，解决较为专业的问题。

优秀校友，即自大学毕业且在职业生涯发展上具有榜样力量的毕业生。他们是大学生就业指导服务中非常重要的资源：一方面能够发挥榜样作用，大学生可以参照优秀校友的特征来比照自身，从而有针对性地对自身优、劣势进行改进；另一方面优秀校友可以回到学校和大学生沟通，通过言传身教来实现有效交流，提高就业指导的影响力和说服力。

沟通平台，即学生通过各大学的信息化建设所创立的咨询沟通渠道，包括面谈、电话、网络平台、电子信箱等方式，指导根据自身特点和时间实现全方位咨询，帮助大学生解决自身问题。

（4）就业跟踪服务阶段

就业跟踪服务阶段主要在大学生毕业求职季、就业初期和稳定就业期提供分段式跟踪服务。

大学生毕业求职季的跟踪服务：一是鼓励大学生放眼长远，确定职业生涯发展的方向；二是根据大学生的求职过程，推动大学生及时对职业生涯规划的具体内容进行微调，以达到计划与实际结合的目的；三是提醒大学生按计划制定入职初期的职业生涯规划，从而更快地完成从学生到职业人的过渡。

就业初期的跟踪服务，主要集中在大学生就业在半年左右，此时期是多数大学生职业发展的波动阶段，很多大学生未来的职业发展方向是在该阶段明确。此时的跟踪服务主要完成以下3项任务：一是关注大学生对职业岗位的适应情况；二是引导大学生及时进行自我修正和心理调整；三是指导大学生能够坚定职业目标，明确职业发展方向。

稳定就业期的跟踪服务多集中在大学生就业后3年左右，此时期是学生职业发展由就业初期步入稳定就业期的重要节点，其在学校制定的职业生涯规划的中期计划已经基本完成，因此需要跟踪服务来推动其落实职业生涯的长期规划。此时的职业指导内容开始转向职业提升和家庭构建，以及相关责任的承担和计划的落实。

大学职业指导服务体系，如图4-1所示。

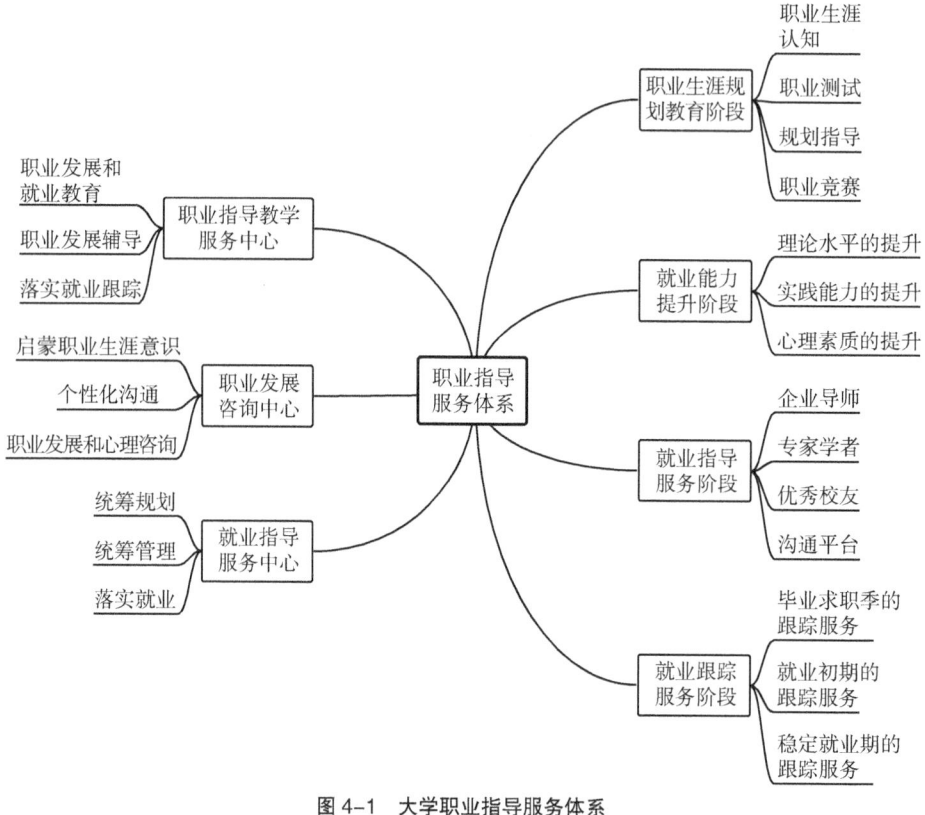

图 4-1 大学职业指导服务体系

第二节 社会环境和职业环境认知分析

大学生需要认知的环境中，家庭环境完全属于内环境，学校环境属于过渡环境，二者都是与大学生联系极为紧密的环境体系，相对而言对它们进行认知较为简单。除以上两种环境外，大学生还需要对社会环境和职业环境进行认知分析，才能在就业，以及职业生涯发展过程中拥有更清晰、理性的判断和选择。

第四章　协同·大学生的环境认知、职业决策及目标

一、社会环境认知分析

大学生需要认知的社会环境，主要指的是和大学生择业相关的外界大环境，包括政策环境、经济环境、地域环境、文化环境、就业环境等。其中，地域环境属于直接且现实的环境，变化较为规律且颠覆性变动不多；文化环境属于较为潜在的环境，每个人都需要且会受到其潜移默化的影响，包括一些约定俗成的文化内涵和传承等。

以上社会环境中，对大学生的职业选择、职业生涯规划、职业发展等影响最大的是政策环境、经济环境和就业环境，其对大学生的影响贯穿整个职业生涯，同时这些环境的变化较大。因为就业环境主要指的是整个社会的就业形势，该部分会在后文详述，所以此处主要对政策环境和经济环境进行详细介绍。

（一）政策环境的认知分析

社会的政策环境具有很强的时代性和阶段性，尤其是就业政策方面，通常是国家为了实现某一阶段的目标和方针，制定与高级人才相关的人力资源配置的准则，通常会体现出该阶段的社会发展需求。大学生在进行社会环境认知时，需要先了解的就是政策环境，因为在不同的阶段，就业政策和针对大学生就业的帮扶政策，会根据社会的需求和国家的发展规划进行相应的调整。

了解政策环境的最终目的就是正确认识社会发展的方向、约束和调控手段，以便大学生的就业和职业生涯规划更加合理。

综合来看，政策环境中的就业政策是对大学生影响最大的内容。一方面相关政策保护求职者的权益，现今的就业制度就是在国家就业方针指导下实行的毕业生和用人单位双向选择的制度，即雇主和求职者之间是一种平等、相互寻找和选择的制度；另一方面其约束求职者的某些会对社会职场产生负面影响的行为，以保护社会整体求职环境的正向发展。

目前，最主要的就业政策就是双向选择制度，此政策给予了求职者更加公平公正的选择机会，给用人单位制定用工政策、吸引人才政策，给地区或城市制定了控制人才进入的政策等，这些也会对求职者的择业产生一定制约作用。

除上述政策外，还有学生培养相关的政策（委托培养、定向培养、专项

奖学金)、人力资源管理和人事相关制度(薪资制度、公务员制度、人才工作制度等),也会直接或间接对大学生择业产生一定的影响。

当然,这些政策对大学生择业的影响主要体现在职业发展方向的确定和职业生涯规划的制定方面,更多的也是给予求职者较为公平、公正、公开的择业环境。具体求职者能得到哪些职位、会被哪些单位录用、能够得到什么的机会(包括薪酬和发展空间等),是由其自身的能力、条件、整个市场决定。

(二)经济环境的认知分析

经济环境主要指的是产业、行业、企业等进行营销活动时,面对的外部社会的经济条件,包括经济运行状况、发展趋势、产业竞争力、市场承载力等,这些都会直接或间接影响一个企业,甚至是一个产业的营销状况。

通常国家和区域的经济状况,都会影响企业的经济发展状况,从而影响到就业状况。

大学生在职业选择和就业的过程中,不可避免地受到社会经济状况的影响。从国家层面来看,社会经济的发展趋势和发展方向、科学技术的发展形势、劳动效率的变化、职业演化速度的提高等,都会对大学生就业产生影响;从区域层面来看,区域经济发展状况有巨大的不平衡性,这就造成多数经济发展速度较快的地区会成为大学生择业和聚集的热点。

例如,社会对IT人才的需求量不断增加和IT产业的快速发展,使得近些年IT业在国民经济中的地位直线飙升,而IT产业的快速发展对人才质量提出了更高要求。大学毕业生扎堆向IT业聚集的状况,形成了大学生就业过程中的结构性矛盾,即需求与专业、水平的失衡。

失衡体现为高校培养周期和社会的需求变化频率无法同步。高校针对社会需求进行专业调适通常会有所滞后,再加上培养人才所需的时间较长,就容易出现人才短缺的现象。这就要求大学生能够熟悉经济环境对就业产生的影响,发挥主观能动性,主动克服外界环境给就业带来的不利因素,从而适应社会需求,发挥出自身的优势和特长,为职业生涯规划做好起步、打下基础。例如,知识经济时代来临,以高新科技为主导的产业的诞生和崛起,同样对大学生的就业产生了极大的影响。知识经济时代最显著的特征就是以信息技术为核心的高新科技产业的比重开始增加,全球范围内都开始重视知识人才的挖掘和培养,最重要的是整个市场范围内的消费观念也开始逐步向重视知识价值的方向发展。

知识经济时代对人类社会的方方面面都产生了极为深远的影响。在此背景之下，中国的经济环境暴露出了不足之处，因为地域发展不均衡、技术发展不平衡，所以整个产业的格局和结构都在发生变动，企业制度也在快速调整，这同样对大学生的就业产生了巨大的影响。

在这样的经济环境下，大学生不仅需要强化自身的危机意识和择业竞争意识，正视社会的发展模式和经济变动，在正确进行自我评价和自我认知的基础上，通过加强学习来拓宽能力范围；还需要充分相信自身实力，以激流勇进的态度和锲而不舍的精神去迎接社会竞争。

二、职业环境认知分析

职业环境指的是在社会大环境中，某职业的发展情况、社会地位、未来发展趋势、技术含量等内容。

大学生之所以要认知职业环境，最主要的目的是通过对职业环境的分析，了解职业发展的方向、要求、影响、作用、趋势等，从而对职业发展进行科学合理的评估，并做出反应。综合而言，职业环境分析主要包括以下3个方面的内容。

（一）行业分析

行业分析就是以经济学理论为基础，运用统计学、经济学的分析工具，对某行业的运行情况、技术要求、生产工艺、产品方向、销售状况、消费层级、市场格局、行业竞争力等要素进行科学分析，以便发现行业发展的内在经济规律，从而有效预测行业的发展趋势。

作为大学生，虽然不需要对行业进行如此深入的分析，但首先需要了解行业的动态，如行业方向到底是什么？是制造和加工类行业，还是咨询服务类行业，或者是高新技术类行业？其次需要了解该行业在中国的发展趋势，洞悉该行业的种类。例如，是朝阳行业还是夕阳行业，是自由竞争类行业还是行政垄断类行业，是高利润行业还是微薄利润行业，是成熟型行业还是新兴成长型行业，是中低端传统型行业还是高端科技型行业等。

其中，朝阳行业就是未来发展前景较好的产业，夕阳行业则是未来发展前景不明晰或正在走上衰落的产业，如燃煤发电行业就属于夕阳行业，不仅国家政策一直限制其发展，而且新能源发电行业的兴起也在对其造成冲击。

另外，不同的行业，要素的集约度也会有所不同。例如，资本密集型行业通常需要大量资本投入，如房地产、钢铁等；技术密集型行业则需要较高的技术含量，且技术需要不断更新，如飞机制造、飞船制造等；知识密集型行业则需要多方位智慧投入，如创意产业、设计产业等；资源密集型行业则需要高资源投入和消耗，如煤炭产业、木材产业等。

通过对行业各个方面进行了解，结合政策趋势来对行业发展趋势进行分析。可以结合国家宏观经济状况及颁布的法规政策等，分析行业对人才的要求、需求量、扶持力度等，从而了解该行业的整体发展态势和人才要求，从而为大学生职业生涯规划提供支撑。

（二）职业资格分析

职业的分类和具体特征，已经在前文详细介绍，此处仅分析对应职业的从事资格问题，即职业资格。

职业资格通常指的是对从事某职业必须具备的技术、能力、学识等的基本要求，甚至可以说是最低要求。职业资格包括从业资格和执业资格两类：从业资格是从事该职业的标准；执业资格则是政府对关系到公共利益的职业所实行的准入资格控制。

从业资格是针对个体而言的职业标准；执业资格则是针对开设某一职业类企业，或者从事某特定职业的个体实行的资格控制，如成为医师、建造师、造价师、环保师等均需要拥有对应的执业资格证书。

（三）企业分析

企业是大学生进入职业生涯后完成工作和任务的组织，是其步入职业生涯后极为重要的依托环境。企业分析，主要是对一切社会组织进行内部环境分析，包括企业组织的类型和性质、企业的实力状况、企业的资本构成体系、企业的发展历程和背景、企业的领导者情况和内部人才选拔机制、企业的发展战略和薪酬结构、企业文化和内部规章制度、企业发展模式等。其中，较为主要的分析因素有以下3个。

1.企业发展模式

企业发展模式分析主要是为了洞悉其发展领域，最重要的是了解企业是否跨领域发展，即企业整体发展模式是在较为单一的领域发展，还是跨越多个领域发展。

企业能否跨越多个领域发展通常取决于两个因素：一是外界环境是否拥有让企业跨越多个领域发展的机遇，也就是外部条件；二是企业内部是否拥有支撑其跨领域发展的人才和资本，也就是内部条件。外部条件是企业得以跨越多个领域发展的先决条件，若外部条件不允许，即使企业拥有跨越多个领域发展的人才和资本，也无法实现跨领域发展的布局；而内部条件是否拥有多行业所需的拥有专业知识和技能的人才，以及多战线布局的雄厚资本，是企业能否依托外部环境跨越多个领域发展的关键因素。

2. 企业的实力状况

企业的实力状况分析，主要是对企业在行业中的竞争力、发展前景、生命力等进行分析。例如，企业的发展历程和背景是否能够支撑其拥有较强的生命力，企业在行业、众多同类组织中，是否具有营销优势、市场优势，是具有较强竞争力，还是将被其他组织吞并，企业的战略布局是否将资源充分利用，企业的市场布局、人才布局、产品的发展布局等是否充分发挥了自身优势等。

企业的实力状况与众多企业元素相关，大学生在了解此内容时，可以先搜集信息，对企业的情况进行初步分析，对企业的实力状况有一个简单的梳理。需要注意的是并非企业越大、现在越强，其生命力和实力就越强，而是适应经济环境和行业发展趋势的同时，合理布局才能拥有更好的发展。

3. 企业文化

企业文化通常是由企业领导者倡导并遵循，是得到了员工认可的行为准则和价值观念的总和。企业文化在一定层面上体现企业领导者的能力、抱负、眼界和管理风格（包括人才理念、管理理念、客户理念、服务理念、企业理念等）。

企业文化分为外在表现和潜在表现。公司的口号、标语、倡导内容等均属于外在表现的企业文化，但这些并非企业文化的核心和本质，整个企业贯彻的一种约定俗成的行为模式，才是企业文化的深层内核。

企业文化包含的是整个企业的经营哲学（即企业行为的指导基础，偏向企业战略决策层面）、价值观念（即企业全员共同的价值准则和价值目标）、企业精神（即企业全员有意识地在实践中表现出的精神风貌）、企业道德（即企业行为规范的总和，能够作为道德标准进行评价和规范，不具强制性和约束力，但具有极强感染力和示范性）、企业团队意识（即企业的团队观念和内部凝聚力)、企业使命(即企业为自身定位的在社会发展中需要担任的角色和承担的责任)、企业形象(即企业经营特征和消费者认同的总体印象)、企业制度(即企业发展过程中形成的对全员带有一定强制性和权利保障性的内部规定)等。

以上这些元素都属于企业文化的范畴,由多层次的内容集合而成,且对整个企业的发展和工作人员产生巨大的影响。

第三节 大学生的职业决策及职业目标

大学生对自身和外界环境拥有了足够的认知,就具备了设计和制定职业生涯规划的理论基础。在设计和制定职业生涯规划过程中,还需要做好职业决策准备,并确定职业目标,对职业决策的质量进行评估、调整完善,在此基础上调整职业目标,令其更合理,最终完成职业生涯决策并制定职业生涯规划。

大学生的职业决策是设计职业生涯规划过程中非常重要的中间环节,通常建立在对自我认知和对环境认知较为清晰的基础上。通过综合认知分析和决策环境来确定职业生涯发展方向,并确立职业生涯目标。在制定职业生涯规划和实施规划的阶段,也需要运用决策手段来完成职业生涯发展方向和职业目标的调整和完善。

一、职业决策的准备

在进行职业决策之前,需要从各个角度对自身因素和外界因素等进行综合分析,全面掌握进行职业决策所需要的基础信息,才能更合理地进行职业选择和确立职业目标。准备阶段个体需要完成3项内容,即明确回答以下3个问题。

(一)自我主观询问:我能够做什么?

回答此问题需要个体对自身的兴趣、技能、特长等进行详细分析,以此来明确自身与其他个体存在的差异。在此过程中,一方面可以了解自身不足,通过学习来弥补劣势;另一方面则是找到自身优势,并在职业决策中扬长避短，最大化发挥自己的特长。

首先是个体的兴趣，如果明晰自身的兴趣后，在职业决策时选择与兴趣相匹配的职业，那么个体工作时会更加愉悦，而且通常兴趣与能力密切相关，个体对感兴趣的事自然会投入更多的时间和精力，从而培养出更强的能力。选择与兴趣相匹配的职业后，自然会感到能力被充分发挥且满足了精神需求，还能不断锤炼自身能力，从而更加得心应手，形成良性循环。

但如果选择的职业不能给个体带来精神满足感和愉悦感，那么可以通过其他活动满足兴趣，如兼职工作、社团活动、业余活动等，尽可能地协调工作和兴趣爱好。

其次则是个体的技能，技能包括个体的特长等。通常情况下可以将技能分为三大类：一是知识技能，也可以称为将学习的知识内化后得到的技能；二是自我管理技能，这是一种类似于个人品质的外在表现类技能，如个体在不同环境中协调时间、保持认真态度、保持长久热情、严格要求自身等；三是可迁移类技能，即个体能够做到且可以普世化的能力，包括计算、分析、说服、教学、决策、沟通等，这些技能可以在生活、工作中运用。

（二）外在客观询问：我可以做什么？

如果说上一个问题是对自身内在的询问，那么该问题就是对外界环境的询问，即通过对现有外界环境信息的搜集和分析来明确自身到底能够向哪个职业方向发展，同时洞悉自身在未来职业生涯发展过程中可能受到哪些因素的影响。

个体在回答此问题时需要结合 4 个方面的内容：首先是外界宏观的职业环境，即不同行业的不同职业在外界环境的供需关系及发展趋势等；其次是了解职业的基本情况和事实，即该职业有哪些从业者素质需求，在了解到该信息后，需要将职业信息和自身的专业、技能相结合，并且要勇于关联，如很多专业和技能可以变通，满足不同职业需求的；再次是了解具体与工作相关的信息，包括企业情况、发展状况、提升空间、薪酬待遇、工作要求、工作内容和方向等；最后则是要结合职业了解对应方向是否拥有继续学习和强化的选择[①]。

---

① 何具海. 大学生职业生涯规划与就业指导 [M]. 长春：吉林人民出版社，2019：95-100.

（三）价值观挖掘：我喜欢做什么？

回答该问题的目的是通过对问题的思考，找到满足个人价值的理想方向，从而找到最契合自身，也是最合理的职业目标。虽然此问题与个体的兴趣爱好有很大关联，但回答该问题不能仅从兴趣爱好出发，而是从人生价值角度进行思考，清楚认知自身的价值观，并剖析在生活和工作中最期望实现的目标，从而确定与自身价值观相匹配的职业生涯发展的方向和目标。

回答完以上3个问题后，个体还需要了解自身职业生涯决策风格，因为决策风格属于个体的主观性因素。在同类环境和条件下，决策风格会对决策结果产生很大影响，个体明晰自身决策风格会对决策过程产生一定指导作用。职业生涯决策风格及其特性如表4-1所示。

表4-1 职业决策风格及其特性

分类者	职业决策风格	特性
丁克里奇（Dinklage）1968年确立的8种决策风格	烦恼型	习惯花费大量精力搜集信息，且会不断咨询专业人士，却迟迟难以做出决定。需要确定是何种情绪或观念造成了困扰解决问题
	冲动型	习惯极为冲动地做出选择，且通常会选择第一个能够得到的职业。因为选择过于冲动，所以未来职业生涯发展易出现风险。需要克制冲动，尽量搜集信息并分析后再进行决策
	拖延型	习惯不断推迟决策时间，直到最后才能做出决策，思考问题和行动通常也会补推迟，易由拖延造成问题更加紧迫。需要提升紧迫感，全面考虑后果断做出决策
	直觉型	习惯以自身直觉感受作为决策基础，通常说不出决策理由。在无法获取足够信息时，靠直觉决策较为有效，可以推动事态发展，但直觉决策容易因先入为主的偏见产生决策误差。需要尽量搜集信息后进行科学分析再做决策
	顺从型	习惯遵从他人的指导，缺乏足够的自立能力，多数会顺从父母或他人的想法和决定，获取虚假的安全感，忽略了自身特性，从而做出不适宜自身发展的决策。需要提高信心并挖掘自身特性，自主决策

续表

分类者	职业决策风格	特性
丁克里奇（Dinklage）1968年确立的8种决策风格	宿命型	习惯将主导权交于外界环境的变化，即通常将决策交给境遇。机会来临时才做决策，心理易出现无助感，甚至放弃理想。需要主动说出无助感并寻求帮助，勇于承担责任
	瘫痪型	习惯遇事焦虑，易因巨大焦虑感无法做出正确决策，虽然理性会推动其开始做决策，但由害怕或过分担心导致无法执行。需要通过心理构建，完成承担责任的过程
	计划型	习惯运用较为科学和标准的决策模型做出理性分析，之后再进行合理的决策，通常可以准确、全面地说出选择依据和标准，会对他人产生积极影响，属于较为完善的决策风格
斯科特（Scott）和布鲁斯（Bruce）于1995年划分	理智型	习惯深思熟虑，在广泛搜集信息和分析后，以事实为基础做出决策，虽然极为理性且决策手段具有科学性，但是易害怕承担决策后果，无法整合各种观点。需要提升信心并勇于整合信息
	直觉型	习惯以直觉和感觉做出决策，可以在信息有限时快速决策，并能在发现错误时快速改正。因为没有理性分析为基础，所以易出错误，经常出现错误容易失去信心。需要放慢速度，以科学分析为基础
	依赖型	习惯寻求他人指导和建议，通常无法独自承担决策结果产生的责任，易受到他人正面影响，但也会因依赖而导致负面结果。需要明晰他人对自身的影响程度，实现自立
	回避型	习惯以回避应对决策，属于拖延和不果断的风格，还包括易于焦虑的决策者。需要调整自身，积极主动提高职业意识，明晰职业生涯规划的动机，转变消极态度
	自发型	习惯快速做出决策，具有很强的即时性，并易在决策时兴趣十足，选择较为冲动。需要多搜集信息并进行合理分析，深思熟虑后再做出决策

表格中不同类型的决策风格均有其不同的特性，大学生可以参照上表进行自我认知，并根据自身决策风格的特性有针对性地调整和完善，以便做出科学合理且最契合自身特性的职业决策。

二、大学生职业目标的类型确立和实现方式

职业目标指的就是个体在所选的职业领域中期望在未来达到的具体成就,也就是说职业目标的确立就是为了给个体提供职业发展的方向和具体的奋斗目标,属于职业生涯规划过程中的核心内容。

职业目标的确立不仅能够提高个体向目标努力的坚持度,而且有助于个体为实现目标而制定对应的战略战术,同时个体可以根据实施的结果和目标进行比照,衡量行为的有效性,从而及时获得积极反馈。

(一)职业目标的类型

从职业目标的性质来划分,可以将其分为两类:一类是概念性职业目标;另一类是操作性职业目标。

概念性职业目标与具体的职业、工作、岗位等无关,而是一种表达工作性质、工作场所,乃至生活方式的内容,反映的是个体的价值观、兴趣爱好、生活追求、才能渴求等方面的综合期望,也可以将其简单理解为个体最期望达成的职业理想和职业方向。

操作性职业目标则是一种较为具象的目标,建立在概念性职业目标的基础之上,将其转化为一种具体的职业或工作。这个具象的目标对个体而言具有很强的操作性,能够将目标细化分解,逐步实现。例如,获得某企业的市场总监或设计总监等职位。

个体在设计职业目标时,需要在概念性职业目标和操作性职业目标二者间认真地分析权衡,制定出具有较强指引力的概念性职业目标,并以此基础,细化操作性职业目标,最终采取行动去实现操作性职业目标。

从职业目标实现的时间和阶段来划分,可以分为短期职业目标和长期职业目标。通常短期职业目标的时间跨度为1~3年,长期职业目标的时间跨度为5~7年。短期职业目标、长期职业目标同样和概念性职业目标和操作性职业目标息息相关,是彼此交融的关系。具体的关系可以参考某人力资源助理的职业目标设定,如表4-2所示。

第四章 协同·大学生的环境认知、职业决策及目标

表 4-2 某人力资源助理的职业目标设定

职业目标	短期职业目标	长期职业目标
概念性职业目标	1. 承担人力资源管理职责； 2. 获取人力资源管理知识及能力； 3. 丰富企业内部的人际交往圈，建立深层关系网	1. 参与企业人力资源战略规划； 2. 参与企业长期发展规划； 3. 参与企业战略决策制定及执行
操作性职业目标	花费 2～3 年时间成为企业人力资源经理	花费 6～8 年时间成为企业人力资源总监

（二）职业目标的确立

大学生确立职业目标，对自身未来职业生涯的发展具有非常明显的引导作用，尤其是对于大学生在求职过程中出现的盲目跟风的行为，以及迷茫、困惑，感觉未来不明朗的心理，都具有指引作用。

1. 职业生涯发展路线的选择

大学生的职业生涯发展路线指的是个体未来期望的职业发展方向。不同的方向，对个体的素质、能力等提出的要求也有所不同，因此职业生涯发展路线的选择对个体而言是方向性和目标性的内容，且通常其路线非常长远，能够形成不同层级的职业发展阶梯，从而有助于个体对路线进行阶段性划分，再逐步实现。例如，企业财务人员的职业生涯发展路线，自下而上是会计员、会计师、会计主管、财务部经理、财务总监；大学教师的职业生涯发展路线，自下而上是助教、讲师、副教授、教授；企业人力资源人员的职业生涯发展路线，自下而上是人力资源助理、人力资源经理、人力资源总监、首席人力资源官。

不同的职业生涯发展路线会对个体的素质提出不同要求，因此个体在选择职业生涯发展路线时，一定要结合自身特性进行规划。例如，个体的性格、特长、兴趣等适合研究型工作，那么选择的职业生涯发展路线最好是研究领域，如科学领域、技术领域等；个体的性格、特长、兴趣等适合管理型工作，那么最佳的选择是管理者和领导者领域。

职业生涯发展路线主要有 3 种类型。一是偏专业技术型路线，即以技术职能为主要取向和发展方向的专业路线，需要从业者具备良好的分析能力、

学习能力、研究能力、创新能力，同时需要从业者具有专业知识、能力、技术等。二是偏行政管理型路线，即以管理职能为主要取向和发展方向的路线，需要从业者具备较强的人际交往能力和综合素质，通常是以某职业的管理岗位为细化目标，且相关从业者的首个岗位通常是基层职能部门，之后其随着能力的提升而不断攀升。三是自我创业型路线，即以自主发展为特色的职业生涯发展路线，选择该路线的创业者需要拥有较强的心理素质和适应能力，同时要有承担风险的意识和能力，有强烈的成就动机且精力充沛，具有很强的创造性和创新性，善于开拓新领域，拥有较强的新兴思维，直觉敏感且善于发现机遇。

2. 职业目标的确定

职业目标的确定，通常表现为进行自我认知和职业认知后，运用职业选择策略和优势整合，确定最终的职业目标。通常确定的职业目标需要符合以下几个要求：可为行动明确方向；体现个体真实需求和理想追求；可将现实与未来发展结合；极其明确的结果导向；结果具有较强的预见性；目标适宜，不好高骛远；可与生活兼顾；可细化为具体行为以便评估。

职业选择策略和优势整合属于职业目标确定过程中的分析评估阶段，其中职业选择策略是个体在多个对象中，运用科学的选择方针和方法挑选职业，最佳的职业选择策略自然是适合自身性格特点、有发展前途、喜欢和感兴趣、可以做好的职业。

优势整合则是在筛选出职业目标后，若最后的目标不止一个，可以通过对多个职业目标的优势和外界环境优势进行比较分析，明确一个职业目标；若筛选出的理想职业目标不存在，那个体就需要适当降低需求，选择适合自身且可以做好，却不一定非常感兴趣的职业作为目标。

如果最终职业目标保留了多个，个体还需要考虑自身为实现目标投入的资源和精力，从而协调多目标之间的关系，尽量做到多目标的互补支撑或相互替代。通常情况下留存的职业目标不要超过3个，否则个体的精力易分散，无法兼顾。选择和确定职业目标的流程，如图4-2所示。

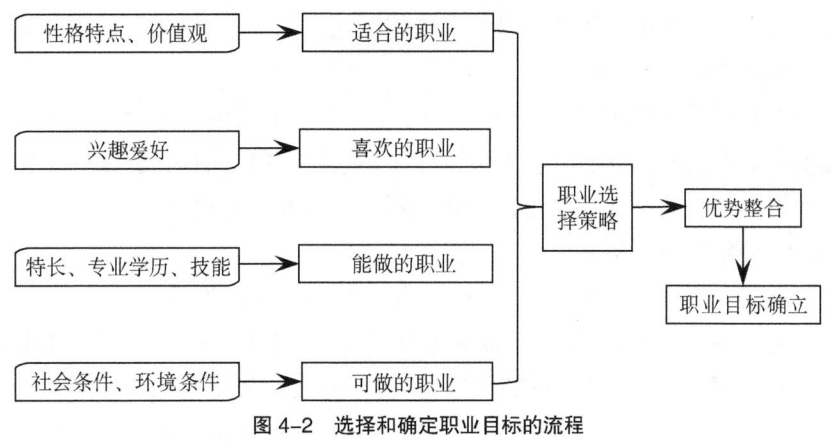

图 4-2 选择和确定职业目标的流程

3. 职业目标的确定原则

确定职业目标和选择职业目标不同，选择是为了寻找目标的大概方向，而确定则是找到具体目标并对其进行管理。通常确定职业目标需要遵循 SMART 原则。

一是目标要具体、明确，即确定的目标不能运用模糊的语言词汇，而应该具体、明确到特定内容。二是目标要可量化，即确定的目标能够通过量化信息进行衡量和分析，从而供个体做出准确的评价。三是目标要可达到，但具有挑战性，即确定的目标必须可以实现，同时对个体而言又具有一定难度，一方面可以促使个体产生动力，另一方面是从逐步实现目标的过程中获取成就感。四是目标要具有多因素关联性，即确立的目标能够和其他目标相关联，既切合实际，又能够被证明，如职业目标与个人发展目标、兴趣爱好、和谐的人际关系、经济报酬相关联。五是目标能够在限定的时间内完成，即确定的目标需要设置具体的时间范围去实现，并将目标细化为阶段性计划和相关步骤去完成。

职业目标还需要具备可控性，即影响目标实现的各个因素可控。例如，目标是在某企业获得职位，这属于不可控内容，因为获取职位还取决于企业需求；目标是 3 小时内向某企业申请职位则属于可控类目标，由个体来控制相关因素就可以将之实现。

（三）职业目标的实现

确定职业目标后还需要去实现，可分步骤进行。首先需要明晰实现职业目标的途径，其次需要运用恰当的方法和措施实现目标。

1. 明晰途径

职业目标的实现并非一蹴而就，而是需要一个明晰的途径，即步步为营方能实现职业目标。因此，实现职业目标的最佳方式就是分解职业目标，并科学地组合，令其更加具体化，以此规划出具体的步骤和计划方案。

（1）分解职业目标

分解职业目标有两种方式，分别是按时间分解和按性质分解。

确定职业目标的过程中，通常会确定职业路线和总体目标。其中，职业路线是发展方向，总体目标则是职业目标和人生最终目标。按时间将其分解，需要将最终目标分解为若干个5年以上的长远目标，每个长远目标均需要设置一个具体目的。将长远目标分解为多个3~5年的中期目标后，再将中期目标分解为1年以内的短期目标。

随着时间阶段的逐步细化，目标越来越细化和具体。通常最终目标就是人生最终目标，长远目标更偏重于方向性，中期目标则较为具体，需要制定对应的行动准则，而短期目标则需要制订具体的计划，包括规划实现短期目标的步骤、达成的方法和时间阶段，并确保计划可实施。

将职业目标按性质分解，则可以分为外职业目标和内职业目标。其中，外职业目标偏向于职业的外在标识，如职务目标、收入目标、工作内容目标、工作环境目标等。职务目标不能仅仅是一个具体职务，还需要分析胜任该职务需要哪些素质需求，越具象，实现的路径越清晰；收入目标也不能仅仅是薪酬水平，一方面需要结合实际能力进行设想，另一方面需要参照职业发展路径中的薪酬，切合实际；工作内容目标则是将职务素质需求进一步细化，具体到不同职务素质需求下需要完成的工作内容，列出详细计划并执行；工作环境目标并非必须，若对此有特殊要求则可以列出，并分析职业路径中与期望的环境目标临近的发展方向和发展模式。

内职业目标偏向于实现职业目标的过程中，个体需要具备的能力、素质、知识、心理、观念等内容。相对外职业目标而言，内职业目标更重要，是自身通过努力和实施计划可以获得和掌握的内容。内职业目标可以具象为工作成果目标、工作能力目标、观念目标和心理素质目标等。

工作成果目标指的是和职业相关的管理方法、研究文章的数量和成果、新的业绩等，通常会与外职业目标相关，二者相辅相成、互相促进；工作能力目标是职业生涯中处理和解决工作问题的能力的统称,需要根据工作实践和自身能力制定并逐步完善;观念目标指的是个体面对事件或他人时的价值观和态度等,是一种完全内化的个体特征,但会影响拥有观念目标的所有人,因此观念目标需要根据社会发展、时代特性、环境模式、企业趋势进行更新,以保证其思想的前沿性;心理素质目标是个体处理问题时的内心状态,需要个体结合自身特点和优劣势,通过锻炼和培训不断提高。

(2)职业目标的组合

职业目标的分解方式有所不同,分解出的细化目标之间可能存在一定的排斥性。为了能够更好地处理不同职业目标之间的关系,需要运用职业目标的组合措施来保证职业生涯合理发展。

职业目标的组合措施有三大类:一是按照时间组合,二是按照性质和功能组合,三是全方位组合。

按照时间组合较为简单,即通过梳理不同职业目标的时间线路来完成组合,通常有两种组合方式:一为并进,二为连续。并进组合就是在同一时间阶段实现两个及以上平行职业目标(或内容不相关目标),可以使个体更加充实,但需要考虑个体的精力。连续组合则是将不同时间阶段的多个目标根据时间顺序连接起来并依次实现,这些目标可以相关,也可以不相关,主要根据目标时间阶段来分析。

按照性质和功能组合,主要是按目标功能的关系来进行目标组合,根据目标功能的关系可分为因果关系和互补关系两种。因果关系主要体现在内、外职业目标之间,通常内职业的发展和完善能够带动外职业的发展和实现,即内职业目标是外职业目标的前提和铺垫;互补关系则多数存在于具有相互补充关系的目标之间,其中一个目标的实现,能够促进另一个目标的达成。

全方位组合则是将时间、功能结合,实现个人、职业、生活的均衡发展,使个体能全方位的相互促进。实现全方位组合需要个体在设置职业目标时,将职业和事业的发展、职业目标和生活目标等统筹规划,最终方能实现全方位组合。

2. 实现目标

职业目标的确立和明晰途径,仅仅是职业生涯发展的第一步,属于计划层面和规划层面,要想达成最终的职业目标,必须要建立在行动基础上,且实施计划和完善规划都需要建立在实际情况和行动过程的基础上。因此，目标的达成和实现，最主要的就是要按计划行动。

对于大学生而言，职业生涯目标的达成和实现，首先需要认真完成学业，并根据职业目标的方向积极参加相应的培训和学习；其次需要按计划行动，并在行动时需要结合实际，根据事件的轻重缓急实施，适当、灵活地调整计划，使计划更适合实际情况；再次是注意抓住机遇并进行有效行动，即一定要抓住对职业生涯发展有益的机遇，并将精力完全集中于目标，避免其他事件的干扰，以实现有效行动；最后是在行动过程中要及时克服困难。例如，实时监督自身的行动进度，避免拖延，遭遇问题和冲突时，积极、及时解决，在行动的过程中锤炼心理素质和意志。

对于依旧在学校或初入职业的大学生，需要根据自身的职业目标和计划，有效规划具体的措施，促使目标和计划的实现。例如，可以根据达成目标的需求，参与教育培训，在确定教育培训内容后，选择正规的教育培训形式来实现提升；可以通过实践活动锤炼自身能力，在校时可以广泛参与各种与职业生涯发展相关的活动，在职场时可以多承担一些力所能及的工作来提升能力和积累经验；可以不断储备自身的良性人际资源，并依托资源进行探讨交流，从而发挥思维多样性的优势，汲取对自身有益的内容。

三、职业决策质量评估

个体的职业生涯规划是一个持续变化和完善的过程，在此过程中若想让职业决策行之有效，就必须不断对职业决策进行质量评估。通过评估来对决策方向、目标内容等进行调整，并及时诊断实施规划过程中出现的问题和偏差，有针对性地解决问题和偏差。

职业决策的质量评估主要有两个步骤：一是职业决策评价，二是职业决策调整。

（一）职业决策评价

个体确立职业目标后，会初步形成职业发展方向和路径，在此过程中就需要通过职业决策评价来对选择的职业、工作进行检验，以确保该方向和目标正在达成,或者及时调整。

整个职业决策评价需要按以下 3 个步骤进行。

第一步是个体需要再次进行自我评价,因为随着个体参与实践,会在实践过程中不断思考和总结,从而对自身产生新的认识,同时外界环境也并非一成不变,个体需要根据环境的变化来分析自身的职业决策是否与理想契合。

第二步则是个体需要对最初的职业决策进行多方位的评价,需要根据该决策对个体的影响、对家庭的影响、对生活的影响、对朋友或他人的影响等多个层面进行分析评价,通常要通过罗列决策的代价和益处来评估,尤其是负面影响要尽可能全面地罗列。

第三步是根据第一步中外界环境的变化,分析这些变化因素对职业生涯目标产生的作用和影响,继而分析这些作用和影响会给职业生涯带来怎样的变化,从而评估个体初步的决策是否能够适应日益变化的社会环境。

(二)职业决策调整

个体要对以上 3 个步骤得出的职业决策评价结果和罗列的信息进行分析,判断职业目标和所有因素是否冲突,并将其按毫无冲突、较小冲突、较大冲突进行分类。

如果评价结果与个体的职业生涯规划的冲突较小,在实现职业目标的过程中就需要做出适当的调整。例如,行业的变化令个体职业的未来发展空间和可供选择的空间变小,这就需要从行业角度着手,挖掘其所在行业中的其他职业,以便能够拥有更多的职业选择空间。

如果评价结果与个体的职业生涯规划的冲突较大,那么个体就需要谨慎地对职业决策的整个过程重新审视,并重新完成职业决策过程,并选择新的职业目标,以便调整决策中不合理之处。这种情况下需要个体重回自我评价阶段,并再次运用更加科学的评测手段来完成职业决策。

只要存在冲突,个体就需要做出相应的职业生涯规划调整,并在此阶段将新决策快速落实。在行动过程中也需要不断地进行评价和再调整,促使职业决策和职业规划更加科学和完善。

四、职业决策模型

职业决策是一个发现、解决问题的过程,因此在整个职业决策及其评价、调整的过程中,可以运用以下几种决策模型来完成决策及其评价、调整。

(一) CASVE 循环分析法

CASVE 循环共有 5 个阶段,分别是沟通、分析、综合、评估和执行,其具有循环持续的特点,与职业决策的特征相匹配。

沟通是一种信息搜集的过程,分为内部沟通和外部沟通。内部沟通包括情绪信号,如不安、焦虑、失望;身体信号,如头疼、昏沉等。外部沟通包括外部询问、评价、预测等,如父母对职业生涯规划的询问、同学或朋友对职业选择的评价、社会对某职业或专业发展的预测等。分析是指分析信息的过程,需要个体搜集信息后进行思考,通过筛选、观察、研究这些信息来明晰自身的差距,寻找与自身优势匹配的关键信息并发现问题。综合是全面处理信息的过程,是在发现差距和问题后制定提升方案的阶段,其最核心的内容是确定个体如何做才能解决问题,并筛选解决方法。评估是将所有决策会影响到的元素罗列,并思考决策结果会对各元素造成怎样的影响,将综合阶段得到的解决方案进行排序,选择最优方案。执行则是将思考转化为行动,包括执行解决方案来解决问题、做出决策来获取反馈信息等。

重复做以上 5 个阶段的内容,最终实现评估、调整、解决、提升,再评估、再调整、再解决、再提升的循环过程。

(二) 决策平衡单法

在进行职业决策时难免会遇到困难、障碍、干扰,从而影响个体的最终决策,决策平衡单法则是极为有效的分析方法,可以将较为复杂的内容条理化、清晰化,从而为个体展示更加明晰的利弊分析,最终做出最正确的决策。决策平衡单法主要有以下几个步骤。

首先是将个体的职业机会罗列,具体到职位最佳。其次是在不同的选项下,列出选择该职业涉及的因素,通常需要从个人物质得失、他人物质得失、个人精神得失、他人精神得失等几个方面进行详细归类,可以去掉自身认为不会造成影响的因素，添加自身觉得较为重要的因素。再次是根据不同因素对自身的重要性来赋予其一定权重，如分为 5 个等级，对罗列的因素进行权重加分后，对每个选项和因素进行评分，优势加分、劣势减分，评分的数值范围可根据自身喜好。计算最终分数，最终分数是权重和评分的积，计算过程中需要注意获得权重加分的选项。最后将每个职业机会的得分进行汇总比较，按照高低顺序进行排列。若有两个职业机会得分相同，则需要针对各个职业机会，分析不同选项中罗列的因素、不同因素的权重是否合理，是否需要重新考虑，并计算分数，最终进行排序。

大学生就业指导篇

第五章 准备·大学生就业形势认识及就业准备

第一节 社会就业形势的认知和树立就业观

个体漫长的职业生涯之中，在高校的数年时光属于黄金的职业预备期，大学生通过校园生涯中的各项准备，不仅能培养出职业人必须具备的基本素质和能力，还能够通过制定职业生涯规划来确保自身未来的职业生涯发展与自身的发展更加契合。

在正式步入职业生涯之前，大学生首先需要对社会的就业形势有深入的认知，并培养和树立出正确的就业观念。

一、社会就业形势的认知

对社会就业形势的认知，需要从3个角度进行，分别是国家就业政策、国家就业管理制度、国家就业形势。

（一）认知国家就业政策

大学生需要了解的国家就业政策主要有两个部分：一部分是国家针对就业所发布的各种措施和办法；另一部分是关于就业方面的法律法规。大学生了解国家就业政策，一方面可以明晰社会就业需求，从而能够更正确地进行择业，起到的是导向作用；另一方面可以维护就业者的合法权益，从而保证就业过程的公平公正，起到的是保护作用。

1. 就业法律法规

就业法律法规包括各种适用于大学生就业的内容，如《中华人民共和国劳动法》《中华人民共和国劳动合同法》能够有效保护劳动者的合法权益，完

第五章 准备·大学生就业形势认识及就业准备

善了劳动合同制度和劳动合同双方的权利和义务，二者需要配合运用；《中华人民共和国高等教育法》规定了大学生在高校期间需具备的基本素质；《中华人民共和国民法典》对公民权利进行了明确且翔实的规定，可有效保护公民；《中华人民共和国公务员法》规范了公务员的管理，保障了公务员的权益等；《中华人民共和国就业促进法》为协调社会经济发展和扩大就业而制定，对就业有极强的促进作用等。

2. 就业办法及措施

国家的就业政策通常是从大方向对就业要求和规范等进行阐述，而随着社会和经济的快速发展，大学生就业形势日趋严峻，于是有了一系列促进大学生就业和创业的办法和措施。例如，2002年由国务院办公厅转发的教育部等部门发布的《关于进一步深化普通高等学校毕业生就业制度改革有关问题的意见》（国办发〔2002〕19号）；2011年由财政部、国家税务总局发布的《关于支持和促进就业有关税收政策的通知》；2017年中共中央办公厅、国务院办公厅印发的《关于进一步引导和鼓励高校毕业生到基层工作的意见》；2020年科技部、教育部等六部门发布的《关于鼓励科研项目开发科研助理岗位吸纳高校毕业生就业的通知》；2020年教育部发布的《教育部关于应对新冠肺炎疫情做好2020届全国普通高等学校毕业生就业创业工作的通知》（教学〔2020〕2号）。

以上一系列就业措施和办法，都是不同时期推动高校毕业生就业创业的有效举措。

3. 相关特殊政策

此类特殊政策通常是针对影响和阻碍大学生就业的问题而颁布的，或者对大学生进入某特定职业进行的严格规定。一方面为大学生就业提供更加流畅的通道；另一方面提高了大学生进入特定职业的门槛，更易于人才筛选。

例如，2002年多部委发布的政策中，明确要求了省会及省会以下城市取消人才进入指标和户口指标等限制，为大学生顺畅就业奠定了基础，自此之后很多城市出台了吸引大学毕业生人才的落户政策，用以引进优秀大学毕业生；教育系统和事业单位均就大学生就业出台了对应的考核规定，即大学生要进入此类职业必须通过对应的考核；对大学毕业生毕业时未曾就业进行了档案和户籍派回原籍的规定，以推动大学生在高校期间能够在渴求的城市就业；很多相关部门都出台了与大学毕业生参与"三支一扶""大学生村官""农村义务教育阶段教师特设岗位计划""大学生志愿服务西部计划"等相关就业规定，并会根据不同时期的不同具体情况制定对应的实施方法，以推动大学生就业。

（二）认知国家就业管理制度

国家就业管理制度是为了完善就业管理而制定的制度，其中有几项是大学生需要进行了解的内容。

1. 人事代理制度

人事代理制度是由政府人事部门所属人才服务中心按国家规定接受单位或个人委托，为非公有制经济单位或各类人才提供全方位服务的人事管理制度，是一种实现人员使用和人事关系管理分离的人事改革措施。

通常而言，高校毕业准备考研的毕业生、择业期内未落实就业单位的毕业生、通过双向选择和非国有单位等签订就业协议的毕业生，其人事档案均应该实行人事代理。

2. 职业资格证书制度

职业资格证书制度是一种与就业相关的特殊形式的国家考核制度，相关人员可以按照国家指定的职业技能标准和任职资格条件，到政府认定的相关考核鉴定机构进行考核，合格者将被授予对应的国家职业资格证书。

职业资格证书是持有者具备某类特定职业所需的专业技能和专业知识的证明，同时也是各单位录用员工的主要依据。其中较为常见的有教师资格证书、律师资格证书、会计师资格证书、市场营销资格证书、调查分析师资格证书、机械工程师资格证书等。

中国是于1993年开始推行职业资格证书制度，至今已建立起较为完善的职业资格证书制度及相关的法律法规和工作体系。职业资格证书和学历文凭的重要性相当，可以说推行职业资格证书制度不仅能够令大学生制定职业生涯规划和职业发展目标时更具参考性，而且能够提高用人单位筛选需求人才的效率，从而提高单位和人才的匹配效率。

3. 就业准入制度

如果说职业资格证书制度是为了筛选拥有对应职业技能和知识的人才，那么就业准入制度就是为了提高某些特定职业从业人员的职业素质所进行的资格限定。

通常这些特定职业的通用性较广，技术较为复杂，涉及人民生命安全、消费者利益和国家财产,因此为了确保此类职业的从业者拥有较为基本的职业素质,规定从业者必须要经过培训并取得对应的职业资格证书后才能够上岗就业。

国家规定需要实行就业准入制度的职业项目有很多。例如,涉及从业者安全和相关人员安全的工种,包括车工、管工、焊工、铣工、磨工、铸造工、锻造工、砌筑工、钢筋工、架子工、防水工、手工木工、维修电工、机修钳工、工具钳工、混凝土工、汽车修理工、装饰装修工、锅炉操作工等,以及涉及食物、药物、疾病、贵重饰品的工种,包括中式面点师、中式烹调师、医药商品购销员、动物疫病防治员、贵金属首饰手工制作工等。

以上仅列举了部分职业方向,可以看出就业准入制度就是为了保障从业者、消费者、人民的生命和财产安全等。

4. 劳动合同制度

劳动合同制度,是通过平等自愿、协商一致的原则,确立劳动者与用人单位之间稳定和谐的劳动关系的制度;是通过劳动合同明确双方权利和义务,保护双方合法权益的制度。合同中通常包括劳动者和用人单位平等协商后所达成的相关权利与义务事项的条款,对劳动者和用人单位均有约束和保障作用。

通常,劳动合同的订立需要遵循两个原则。一个是平等、自愿和协商一致原则。平等指的是当事人双方具有相同法律地位,没有服从和命令关系,从而赋予了双方均具有公平表达意愿的机会;自愿指的是合同的订立是双方当事人的真实意愿,没有强制和欺骗,也没有诱导行为;协商一致指的是合同的内容是由双方当事人在法律法规许可范围内协商一致后确定。另一个则是不得违反法律法规的原则,指的是订立劳动合同的过程和内容,需要遵守法律法规,即订立劳动合同的双方主体必须均是合法者。例如,企业必须是依法设立的机构,劳动者必须达到了法定工作年龄;合同的具体内容必须合法,即内容中所阐述的劳动权利、劳动义务、工作范畴、各类条款等必须符合法律法规;签订合同的程序及形式必须合法,即合同遵循规范文本,签订时必须双方在场等。

5. 失业保障制度

中国人口众多,在社会经济发展过程中,当人力资源供应大于社会人才需求之时,就很容易出现失业现象。针对这种现象,国家在就业政策方面不仅会鼓励竞争且择优上岗,也会保护就业竞争中失业的弱势群体。例如,会给予年龄较大的失业劳动者发放一定失业救济金和失业保险金等,以便其能够维系基本生活,并在经济市场适宜的条件下重新就业。

6. 公务员考核制度

公务员是中国各级国家行政机关中的正式工作人员,同时根据机构编制情况也可以将事业编制单位中的正式工作人员纳入公务员范畴。

成为公务员需要遵循公务员考核制度并参加对应的考核,通过之后方能正式进入该职业方向。公务员考核制度是对进入该职业方向的正式公务员的考察与审核,是一种公务员管理基础工作制度。也就是说,进入公务员职业方向首先需要参与考核,通过之后成为正式公务员,在职业发展过程中也需要经历内部的考核,参与专门的考察和评价方能不断发展。

(三)认知国家就业形势

总体来看,大学生的就业形势是严峻与机遇并存。

1. 大学生就业形势严峻

大学生就业形势严峻主要体现在毕业人数与市场需求不匹配方面。进入21世纪以来,高校的扩招和后续的发展都致使大学毕业生的数量逐年攀升,从2001年的114万人,到2021年的909万人,已经呈现出20年的高校毕业生人数逐年攀升态势,具体的毕业人数如图5-1所示。

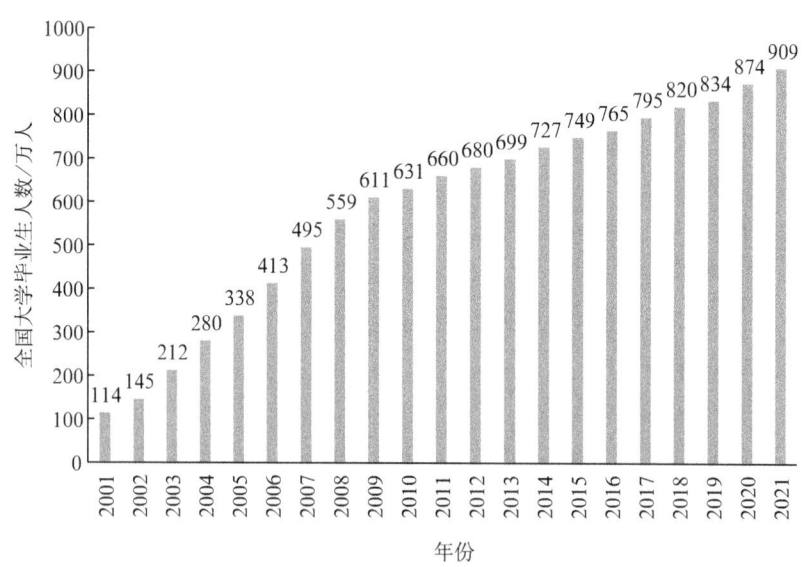

图5-1 2001—2021年全国大学毕业生人数

大学毕业生人数的连年增长，使得就业率自2007年开始就出现了下降趋势，社会市场基本形成了毕业生人数供给大于社会需求的局面，甚至出现了博士生"抢"硕士生的岗位，硕士生"抢"本科生的岗位，本科生只得"抢"大中专生的岗位的现象。

（1）外环境分析

从外界市场环境来看，大学生就业形势严峻的原因主要有以下几个方面。

首先，供应与需求的不匹配造成一大批大学毕业生无法找到适宜的职业岗位，同职业、同岗位的竞争较大；其次，很多毕业生的专业的知识和能力有趋同化现象，这主要是由高校专业的设置和市场需求错位造成，即培养出的高校人才无法与市场需求的人才匹配；最后，招聘企业的用工制度也存在诸多不合理之处，如给予毕业生的起薪低且升幅小、设置工作经验障碍等，导致很多毕业生无法进入职场历练。

（2）内环境分析

从大学毕业生自身来看，大学生就业形势严峻的原因主要有以下几个方面。

首先，多数应届毕业生所学知识陈旧，且转化为能力和技能的效率低，还有大批量学生曾经学过的知识无法应用和转换。

其次，毕业生的就业理念受到各种价值取向的影响，从而出现了多种不适宜的就业理念，造成能力危机和用人危机。例如，有些学生以深造作为首选，却不考虑专业兴趣和专业的就业前景；有些学生眼高手低，宁愿选择进入外企或大型企业做普通职员，也不愿选择进入中小型企业做骨干，这就造成中小型企业有大量人才需求，却无毕业生进入；近年来国家一直鼓励大学生创业，并相应推出了一系列支持政策，但真正拥有创业能力及期望的大学生并不多；有些学生在极为严峻的就业压力下，虽不情愿但选择了继续深造的道路，这不仅造成了高学历和低学历"抢"岗位的现象，也使得学生无法真正提升自身的实践能力。

再次，大学毕业生的就业意愿容易出现集中化现象，即一大批毕业生竞争少数几类职业。例如，竞争最激烈的3类就业单位就是国有企业、事业机关单位、外企。供求的严重失衡造成其他企业无法选择到合适的人才，而且大批量毕业生也无法挤进竞争圈。

最后，多数大学生毕业后缺乏适宜的就业培训机会。一方面是企业普遍拒绝承担在岗培训所需要投入的成本，包括时间成本、经济成本和培养人才后人才流失的成本；另一方面，这也和多数大学生并未制定妥善的职业生涯规划并实施有关，同时多数大学生没有坚定到基层锤炼能力的决心。

内外环境综合影响之下，有近半数的大学毕业生无法进入期望及适宜的职业及岗位，而同时也有近一半的企业无法招聘到适宜的人才，最终形成了供应和需求之间极大的错位。

2. 大学毕业生就业机遇

虽然大学毕业生的就业形势极为严峻，但也处于极大的机遇之中。

首先，国家为大学生就业创业创造了良好的环境，有利于大学生就业的政策和规定、措施、办法、意见等不断迭代，并取得了明显的成效。

其次，大学毕业生依旧是中国就业市场中的优质人力资源，这主要是因为大学生在整个社会劳动力市场中所占据的比例依旧很低。例如，多数欧美国家接受过高等教育的人数在总人口占比在40%以上，而中国接受过高等教育的人数在总人口中的占比不足20%，这也说明大学生在就业市场中的优势依旧明显。

再次，快速发展的社会和经济，为就业市场提供了大量职业和岗位。例如，西部大开发的实施为就业市场提供了大量岗位；中国经济全球化进程的加速也为就业市场提供了大量岗位，尤其是国际就业空间愈发增多。

最后，企业用人制度的不断完善、新兴就业观念的普及、高等教育的加速改革，都为大学生的成长和就业带来了更多选择。

3. 大学毕业生就业现状

如今大学毕业生的就业现状拥有以下几个特点。

首先，随着社会市场供求变化和毕业生数量的攀升，很多高校的专业前景开始面临洗牌。一些原本在学校属于冷门的专业开始成为就业市场的焦点，如烟草行业；一些原本在学校属于热门的专业则开始出现就业难的情况。形成这种现象主要是因为原本热门的专业吸引了大量学生涌入，而市场需求的涨幅远远小于热门专业学生的增幅。

其次，虽然大学毕业生对职业薪酬的期望值不断提高，但真正进入职场后，签订劳动合同时拿到的职业薪酬却远远低于期望值。即使受到生活成本等情况的影响，大学毕业生对薪酬的期望值仍不断上调，但市场的现状是薪酬并未出现明显上涨。这种期望值和现实值的差距，一方面是受社会经济发展状况影响;另一方面则是由大学毕业生的就业观念出现了偏差,过分关注薪酬情况导致的。

最后,随着中国市场经济模式的发展和变化,原本人才需求最大的行业,如计算机软硬件、互联网电子商务等,都开始逐渐减少人才需求量,而娱乐、运动和休闲3类产业对人才的需求开始快速提高。这也是由经济发展到一定阶段整个市场体系的重心迁移造成的,从此模式来看,现今的社会市场环境和经济形势,对大学毕业生而言属于危机与机遇并存的状态。

二、树立正确的就业观念

就业观念指的就是对于就业的态度、想法、意识等,只有拥有正确的态度,才能以正确的行为引导个体正确发展。

(一)影响就业观念的关键因素

综合而言,个体在生活、学习的过程中,因为受不同的经历和外界环境的影响,会形成不同的就业观念,在影响就业观念的多重因素中,有几个关键因素对正确就业观念的形成至关重要。

其一是职业的经济收入,通常人们都会喜欢高薪职业或职业高薪,虽然在一定程度上追求合理的经济回报无可厚非,但是经济上的回报应该是和付出的劳动相适应,若脱离这一基本理念,片面的追求高收入就会适得其反。

其二是任何人都希望通过职业来发挥自身的聪明才智、内在才能,最终令个人价值得到最大限度的发挥和体现。就这一点而言,多数人就业过程中都会考虑行业、职业、岗位是否与自身特长、兴趣爱好相匹配。但需要注意的是,个人价值的实现和现实状况有巨大关系,就业过程中若个人价值和个人情况、社会实际情况、行业和职业发展情况脱节,就会出现个人价值和就业之间的巨大矛盾。

其三是个人价值的实现与社会价值的实现密不可分,二者不可单独分析,在就业过程中,个体需要将社会需求放在优先位置,个人需要服从国家、社会的需要,只有促进了国家和社会的发展,个人的价值才能得到最大限度的发挥和实现。

（二）树立正确的就业观念

作为大学生，更需要树立正确的就业观念。只有在正确心态和观念的指引下，才能够在未来的职业生涯发展中找准自身的位置并逐步实现个人价值。具体需要从以下几个方面着手。

1. 树立参与就业竞争的意识

有一部分大学生会因为生活和学习的经历，产生了未来可以依靠长辈的消极意识，这种"等、靠、要"的思想极为不可取，要知道当今社会的经济发展迅速，各种新兴产业和行业层出不穷，只有主动进取且正视现实，才能够紧随社会发展的步伐快速前行。

积极参与就业竞争，一方面能够推动大学生了解就业情况；另一方面也能够快速洞悉新形势，从而明晰自身的特性和优劣势，对自身未来的职业生涯发展影响深远。因此作为新时代的大学生，应该从理想主义的就业观念快速转变为务实的就业观念，树立自强自立的意识，积极并主动步入就业竞争环境，以便得到更深层次的历练和成长。

而在积极主动地进入竞争体系之前，作为大学生应该努力提高自身竞争力，以便进入就业环境后能够拥有独特的优势。

首先，需要在充分掌握专业知识和技能的基础上，尽早明确并规划自身的职业目标，通过合理安排自身的学习时间和学习内容，有目的、有意识地拓宽自身职业发展方向。

其次，需要通过对就业环境的了解、职业情况的分析，有针对性地推动自身向渴求的职业方向进行完善和发展，如考取必要的职业资格证书或就业准入证书等，以获取进入职业的基本条件，为未来参与职业竞争打下基础。

最后，需要不断锤炼自身的基本职业能力，包括沟通能力、动手能力、自立能力、综合素质能力等，以积极适应社会的需求，打造独立自主的生存能力，提高就业竞争能力。在此过程中，还需要培养良好的心理素质，勇于探索和竞争，且不畏惧困难和问题，在建立自信心的基础之上还需要培养勇于面对失败且不气馁的平和心态，只有拥有较具优势的心理素质，在未来的就业竞争之中才能够快速调整，并在正确的道路上快速前行。

2. 厘清就业中的3个重要关系

就业观念之中有以下3个重要关系：首先是事业与谋生的关系，作为大学生不能完全将就业看作谋生手段，还需要将其升华到事业的层次，将就业之后的职业看作实现人生价值的事业,这样才能正确看待就业竞争;其次是从社会角度而言的奉献与索取的关系,一味索取,社会必将无法持久发展,只有培养出为社会做贡献的意识,将就业和促进社会发展、促进自身发展相关联,重视自身促进社会发展的责任,才能够在个体发展的同时推动社会进步和发展;最后是长远发展和眼前利益的关系,在就业之前就需要将自身的职业生涯发展和社会经济、区域经济、行业经济的发展联系起来,立足自身的长久发展来确立长期目标,不被长期目标吓退,也不被眼前利益诱惑,只有脚踏实地一步步前行,才能够走上成功道路。

3. 摒弃一步到位的职业幻想

随着大学扩招和高校教育大众化,原本计划经济模式下的精英教育已经成为过去,当代大学生应该摒弃就业一步到位的幻想。随着就业形势日趋严峻、就业竞争日益变大,想要就业后就能够找到令自身满意的工作极为不现实,也不理智。

真正的就业现实形势是大学生应该在就业时首先考虑生存问题,在职业满足自身谋生基础之后,再深入考虑该岗位或该职业方向是否真正适合自身发展、是否满足自身的职业兴趣等。

从就业现实来看,大学生应该做好就业时到基层、到非国有企业、到中小型企业就业的准备,摒弃传统"铁饭碗"的观念,避免将某一国有企业或事业单位的职业当作终身职业追求。社会经济形势的发展,推动了职业的丰富和变化,大学生在就业过程中不能好高骛远,即使进入基层、进入困难重重的职业环境,也应该积极应对,寻找该职业、该岗位对自身职业生涯发展的帮助,从这些岗位和职业中不断获取对自身的提高有益处的能力和经验,最终才能够稳扎稳打实现职业理想。

4. 树立自主创业的观念

随着社会经济的快速发展,中国已经进入经济体制改革和经济结构调整的阶段,非国有经济在整个社会经济结构中占比越来越大,可以说中小型企业在社会经济发展中的功能和作用日益重要。在这样的背景下,国家开始对中小型企业进行积极扶持和加强引导,提出了各种促进中小型企业建立和发展的有利政策,这种形势为创业提供了广阔的空间。

在严峻的就业形势下,自主创业无疑是未来大学生就业和发展的一大趋势。如今很多高校都开始推出创业培训:一方面丰富大学生的创业知识,辅助大学生做好准备；另一方面层出不穷的高校创业比赛也在积极推动大学生自主创业走向成功和快速发展。因此大学生应该树立自主创业的观念，积极主动调整心态，获取信息、分析调查并有效利用所拥有的资源，最终发挥出自身的优势，以艰苦拼搏的创业精神来实现自身的职业发展。

第二节　大学生就业前的软材料准备

大学生就业前的准备中，最主要的就是大学生个体应具备的就业心理、合理的知识结构和对应能力等软材料，这是大学生在职业生涯发展过程中得以正确、快速、健康成长的核心基础。

一、大学生就业心理的准备和培养

就业心理就是大学生在择业过程中所表现出来的心理倾向和特征等。社会经济形势的变化和发展，为大学生提供了更加广阔的就业空间和更自由的就业选择，同时也为其带来了更大的压力和挑战。这就需要大学生具有更成熟和完善的就业心理，以此来帮助个体的择业和职业定位。

（一）认识不良就业心理和调适方式

社会严峻激烈的就业竞争模式，使大学生在就业过程中很容易产生一些不良心理，只有明确这些不良心理的特征，并运用恰当的调适方式来克服不良心理，形成良好的心理状态，在就业时才会拥有更好的心理承受能力和更快的调整速度，从而以健康的心理状态面对就业。

1. 正确应对挫折心理

挫折心理指的是个体在从事某些活动过程中遭遇到干扰或障碍后表现出的情绪和心理状态，通常产生挫折心理后很容易陷入失望、苦闷等消极情绪中，从而影响个体对现状的判断和行动等。

大学生在就业过程中，最容易遇到的挫折就是个体职业理想和现实的巨大差距，以及个体抱负无法被他人理解和接受的情况，这种挫折影响下，大学生很容易出现怀才不遇的挫折心理，从而陷入悔恨、苦闷、愤怒、失望、焦虑等情绪中无法自拔。

这种挫折心理往往是由大学生的自我评价过高、现实情况和期望差距过大造成的,通常评价越高、期望越大,现实中遭受的挫折感越强,如果无法在遭遇挫折之后及时调整心态,就容易陷入一意孤行、盲目奋进的状态,从而引发内心世界扭曲,乃至影响到健康人格的塑造。

大学生想正确面对挫折心理,首先需要正确进行自我分析,认识到自身的需要、动机、目的和情绪等,对自我的评价要结合实际情况,避免过高定位;其次需要对消极情绪进行理性驾驭,最佳的方式是自我冷静,即对情感实行冷处理来促使自身冷静;最后是通过各种方法来战胜挫折心理,可以采用转移目标、自我宣泄或自我暗示等方法。

2. 正确应对从众心理

从众心理是个体在群体或社会压力下最终放弃自身意见,采取顺从群体或社会的心理倾向。通常情况下,个体认为群体或社会的规范或行为正确时,其自愿从众表现虽然也属于从众心理,但却属于遵从自身心理状态的范畴;而当群体或社会的规范或行为并不适宜于个体时,个体没有勇气加以对抗最终,不再遵从自身心理状态,而是遵从群体或社会的从众表现,则属于需要克服的从众心理。

从众心理严重的个体很容易受到外界环境的影响,包括他人、群体、社会的影响,从而表现出无主见、过于依赖他人、无法独立思考、行为违背自身意愿等。

大学生就业过程中的从众心理主要表现为向热门职业、大城市、热门行业等聚拢的行为,其实这种聚拢行为对于个体而言不一定是最佳的职业选择和就业选择。大学生应该在对自我认知和环境认知的基础上独立思考,分析职业发展方向和职业目标,摆脱从众心理的束缚,真正从自身去分析适宜的职业发展模式,从而做出最适宜自身的选择。这种克服从众心理的能力同样会对个体未来的发展产生积极影响,令个体更加独立自主。

3. 正确应对嫉妒、攀比、虚荣心理

大学生就业过程中,嫉妒、攀比、虚荣心理对大学生的求职择业影响极大。

嫉妒心理通常表现为对他人突出的优势、才能、成就、品质等产生贬低,甚至迫害的心理倾向,尤其是自我和他人进行对比出现巨大差距后更容易表现出来。嫉妒心理有以下两个明显特征:一个是具有很强的指向性,即

所有心理表现都指向那些比个体表现更好的他人，如看到有同学找到了比自身职业更具优势的岗位，但在个体眼中此人平时明显不如自己，就容易对该个体产生嫉妒心理；另一个是具有发泄性，即对嫉妒的对象表现出讥讽、诽谤等行为，严重的甚至会对他人进行陷害，只有执行了这些发泄行为才会令个体心理找到平衡。

摆脱嫉妒心理的前提是开阔自身心胸，通过更丰富的知识和见识来开阔视野，并洞悉在竞争中他人获得领先是其努力并奋进的结果，学会公平公正地竞争，积极认识彼此的差距并努力发挥自身优势。

攀比心理是一种事事都和他人进行对比的心理倾向，虽然通过和他人进行对比来激励自身不断进步无可厚非，但若在求职过程中处处和他人对比就明显属于不正常的攀比心理。

大学生就业过程中的攀比心理主要表现在将注意力过多集中到他人就业取向方面，通过和他人各方面的对比来避免受到他人"嘲笑"，并想找一份远超他人的职业来吹嘘和炫耀。

事事攀比的大学生在求职过程中很容易出现自信不足、受人干扰、缺乏主见等情况，有时还会伴随嫉妒和自卑。大学生不仅在求职就业时受攀比心理影响，在进入职业及岗位后也会受其影响，从而造成工作情绪不稳、易患得患失等。大学生应该将视野放宽，将目标投向未来，按照最契合自身的职业生涯规划不断努力，最终实现自己的职业理想，而不是仅关注刚刚走上职场的时刻，毕竟职业生涯是贯穿人生的过程，就业仅仅是职业生涯的起点。

虚荣心理则是将注意力集中在名气高、收入高、社会影响大的就业岗位，却不考虑自身的优势和职业发展，只是从令他人羡慕、令他人追捧、做给他人看的心理出发去选择职业，这是一种畸形的就业心理，会对自身的未来职业发展产生巨大影响。

作为新时代的大学生，应该清晰地认识到毕业求职完全是为了自身的未来发展，盲目选择令他人羡慕或关注的职业，是在拿自身的未来换取闪现的光芒，根本无法长久。只有冷静思考自身情况和就业环境，选择真正适合自己的职业和对自身未来有益处的职业，才能够在职业生涯发展道路上越走越远。

4. 正确应对自卑和羞怯心理

自卑心理是大学生求职过程中出现较普遍的一种心理，即突然对自己的价值和能力产生怀疑，感觉自身缺点极多，甚至一无是处，自己不如他人，或者因为曾经犯过错误而抬不起头，甚至会感觉自己的学校或专业不好，信心严重不足等。

克服自卑心理需要大学生正确认识自己，洞悉任何人都会有优势和不足的特性，在求职过程中不要因一次应聘失败就自我哀怨，通过正视自身的优劣势，充分认识到自己拥有的优势，并正确认识不足且弥补不足。正确认识自己，才能看到现实中光明的一面，这种阳光心理对求职和未来的职业发展都具有积极作用。

另外，因为多数大学生在高校期间正面接触社会的机会较少，所以容易因为对自身认识不足而在求职时产生羞怯心理，其中有很大一部分属于自卑性羞怯，即因为自卑而感到自身差距巨大，羞于争取和竞争。还有一部分则是因为挫折产生的羞怯心理，只能看到自身的劣势和不足，无法正视优势和特长，最终无法抓住机会。

抑制羞怯心理需要增强自信心，不要被劣势和不足禁锢，应该充分发挥优势，不计较他人不切实际的评论，毕竟只有自己才最了解自己。另外就是要多多锻炼自己，在学校期间就应该抓机会展示自身，允许自己犯错，减少紧张，加强对情绪的控制。

5. 消除自负与焦虑心理

自负心理是因无法正确认识自身，夸大自身能力，从而产生自傲态度和情绪，虽然这种心理看似过度自尊，但其实质是严重缺乏自尊的表现。

一些大学生会对自身在高校学习产生错觉，即拥有了大学学历就应该"身价高"，找工作时会无形中提高对职业的要求，导致其无法找到最适宜的工作且白白浪费很多机会。消除自负心理需要大学生对自身拥有清晰认知，要清楚在求职过程中的要求都需要和职业能力等相匹配。

焦虑心理是一种个体对生命安全、前途命运等过度担心产生的复杂情绪反应，表现为不安、忧虑或恐惧等。大学生就业过程中表现最多的就是焦虑心理，如紧张烦躁、萎靡不振、辗转反侧等，通常由以下几个方面因素引发：一是社会适应性焦虑，即对即将面对的生活不适应、感到迷茫、不知如何处理各种事件等，通常是由个体独立性不强或专业性能力不佳引起；二是选择类焦虑，即表现在面对多种机会无法做出选择，患得患失并陷入焦虑，通常是由个体职业目标或职业发展方向不明确造成；三是职业发展态势或企业情况不明确引起的焦虑，包括等待性焦虑、长久找不到工作的焦虑等，通常是由个体对社会环境和行业环境了解不足引发。

消除焦虑心理需要先确定是由哪种情况造成，之后有针对性地解决和舒缓心理。例如，社会适应性焦虑，需要个体客观评价自身，逐步提高自信心，并挖掘自身的优势，以积极向上的态度提高自身各方面素质和能力；又如，选择类焦虑，需要个体拥有阳光思维，并明晰职业发展方向和职业目标，以此来消除患得患失的感觉；再如，等待性焦虑，则需要对自己信任，提高自信心，要相信自己定然能够找到工作并胜任，同时积极分析社会环境情况和行业发展情况，提升自身的同时寻找最佳的机会。

（二）大学生需具备的良好就业心理

拥有一个良好的就业心理状态，是大学生就业过程中实现身份转换、心理跃升和适应职场的基础，也是对大学生综合素质中心理素质的一次巨大考验。

大学生只有拥有良好的就业心理，才能够更加客观地认知自身和分析客观环境，从而充分发挥自身优势和能力，直面挑战，积极应对、有勇有谋，同时面对失败也才能够快速调整心态、进行反思和分析，在失败中寻找机会并做出科学的决策。

大学生良好的就业心理主要有以下几个特征。

1. 自我认知清晰、职业定位准确

对自我有清晰的认知是大学生就业之前必须具备的能力，需要充分认识到自身的各方面因素，包括优势、兴趣、爱好、技能、特征，以及不足、缺点、需完善的能力等，了解自身优势才能够充满信心，从而明晰自己能够做哪些职业，而了解劣势能够促使个体拥有空杯心态，从而能够不断提升自己，清晰定位职业目标和职业发展方向。

准确的职业定位，需要综合考虑自身因素和环境因素，从而有针对性地对社会需求和职业方向进行匹配，才能够更好地处理职业理想和就业现实冲突。尤其是在如今瞬息万变的就业形势下，大学生更应该在社会现实的基础上，随着就业形势的变化及时调整就业期望值，通过分析自身的职业发展方向，做出最适合自身的就业选择。

2. 正视现实状况、豁达看待就业

现实通常是客观存在的事物，正视现实状况是建立积极心态的基础，也

是适应现实的前提。对大学生而言，就业现实就摆在眼前，包括就业形势较为严峻、大学生数量攀升等，大学生只有对这些因素有清醒的认识，不幻想不逃避，将现实状况中对自身有利和不利的条件均考虑在内，并积极自信地面对现状，才能够做出最正确的就业决策。

能够正视现实状况，自然就能够洞悉大学生的就业情况，从而能够正视在就业过程中遭遇的困难和挫折。在遇到就业困难和挫折时，大学生还需要拥有自信豁达的态度，坚信自身的才能在万千社会职业中能有用武之地，也就是对自我有正确的肯定和认同，能够用积极、自信、活跃的态度去看待问题并解决问题，勇于迎接挑战并将其战胜，最终方能成为就业路上的成功者。

3. 主动寻找机会、勇于参与竞争

虽然如今就业市场采用的是"双向选择"模式，给予了大学生通过各种渠道和方式展示自身并选择职业的权利，但同时严峻的就业形势也令整个就业市场竞争极为激烈，所以大学生必须要学会主动出击寻找机会，并勇于参与就业市场的激烈竞争。

大学生只有主动挖掘机会、主动参与竞争，才能够综合展示自身的能力和特征，也能够通过竞争获取更多的经验教训，快速得到提升和完善。

4. 冷静面对困境、放眼长久未来

不论是就业过程中，还是在未来的职业生涯中，遭遇挫折、困境等是必然经历，因此大学生必须要培养冷静面对困境并解决问题的能力，遇到挫折和困境要认真从主观和客观不同角度分析原因，只有这样才能更加准确地分析情况，从而有针对性地解决。虽然挫折和困境会给个体带来极为深刻的伤痛，但需要明白的是这种伤痛只是暂时的，只要勇敢面对并积极解决，就能够磨炼意志，且更快地提升自身。

另外，在就业过程中，大学生很可能会遇到职业愿望难以实现的情况，造成这种情况的原因有很多，大学生需要在此过程中放眼未来，将某个和自身职业理想相关的职业岗位作为起点，可能起点较低，但通过自身的努力和不断前行，必然能够改善职业环境和境遇，最终实现职业理想。

二、大学生知识结构和职业能力准备

严峻的就业形势对大学毕业生的知识结构、思维方式和职业能力等各方面提出了更高的要求，因此大学生不仅需要拥有正确的就业心理，还需要在大学阶段努力构建合理的知识结构，着重培养职业能力，从而为毕业后的就业做足准备。

（一）建构科学合理的知识结构

对于大学生而言，在高校中所构建的知识结构主要包括以下3个方面：一是基础知识，包括数学、文学、艺术、哲学、历史、物理、化学、伦理道德、外语、计算机、地理、传统文化等各种知识，这是大学生架构坚实知识结构的根基；二是专业知识，主要是大学生在不同专业所学习的专业类知识，这是其未来在职业生涯中赖以生存和发展的资本，以及展现自身一技之长的核心；三是复合知识，是大学生提高社会适应性的通识知识，也是大学生健康持续发展的助推剂，包括沟通交流、辩证思维、行动力、观察力、分析力等各方面的内容①。

较为科学合理的知识结构就是要将以上3个方面的知识进行有机整合，形成最契合自身特征和未来发展的稳定知识结构。不同的大学生会建构出不同的知识结构，不过最科学合理的知识结构都具有整体性、有序性和可调性等特征，即知识结构是稳定统一的整体，不存在明显的巨大漏洞和空白；同时知识结构中的各内容拥有极强的关联，能够通过某一项知识逐步引申和完善其他知识构成；最主要的是知识结构具有可以延伸和调整的特征，通过调整不同的知识构成形成不同的成长路线，以适应千变万化的社会需求。

1. 常见知识结构模型

现今比较常见的知识结构模型主要有3种，大学生可以根据自身特性来建构出最适宜自身发展的知识结构。

（1）金字塔知识结构

此类知识结构的特征是拥有极为宽广的综合性基础知识架构，宽广的基础知识架构形成横向底座，纵向则呈现出阶梯形发展模式，即在基础知识的基础上不断向更加专业的方向提高，最终形成金字塔形结构。

此知识结构中需要广泛且较为全面的基础理论、基础知识和基础技术、技能，从而形成深厚宽广的基础知识层面，为个体的综合能力、适应能力、

---

① 周清，何独明. 大学生职业生涯规划与就业指导 [M]. 北京：北京理工大学出版社，2019：171–174.

应变能力和创新能力打下了坚实的基础,极为稳定又适应性较强,在拥有终身学习能力后,该知识结构能够在多个方面快速发展。

(2)网络知识结构

此类知识结构是以一种专业知识为中心点,并在此专业知识的基础上丰富其周边相似知识、对专业作用较大的知识等,最终形成以某专业知识为核心和网络纽带,各类相似知识相互联结的知识网络。

此类知识结构的特性是能够在与某专业相关的方面得到极大的适应性,具备此专业相关广阔的知识面,能够在此专业方向快速发展和延伸。但此类知识结构也有较大的缺陷,即无法在非专业角度得到快速发展和提升,若想拥有更加稳固和更加广阔的空间,就需要以最初的专业知识为中心点,逐步延伸出更多其他专业中心点,最终形成极为立体且具有多个中心点的网络知识结构。

(3)幕帘知识结构

此类知识结构通常体现在某一组织或某一行业,对进入该组织或该行业的个体知识结构要求方面,通常需要个体有一个总体基础结构以适宜其发展,而处于该组织或该行业的不同层次和位置,其需要具备的知识也有所差异,从而形成了不同的知识结构。例如,处于组织或行业中的个体,在不同的层次和位置需要掌握的知识结构比例有所不同,其强调的是个体知识结构与组织或行业知识结构形成有机结合,以便实现组织和个体同步发展。此类知识结构的个体在就业求职过程中,需要匹配所选职业的知识结构基础要求,了解职业不同层次岗位对知识结构的需求,从而调整自身知识结构,适应就业和发展。

2. 就业市场对求职者知识结构的要求

随着社会的快速发展,就业市场对求职者知识结构的要求越来越高,其中主要分两个部分:一部分是不同职业对求职者知识结构的共性要求,即不论哪种职业都需要求职者具备的知识结构;另一部分则是不同职业对求职者知识结构的特定要求,即不同类型职业需要不同的专业知识结构。

(1)共性要求

社会的快速发展,使得很多职业对就业者的文化素质有极高的要求,体现在知识结构方面就是扎实且宽厚的基础知识、广博的基础专业知识及高容量的新知识储备。

扎实且宽厚的基础知识是每个人知识结构的核心根基，无论选择哪个职业，无论个体最终向哪个专业方向发展，都必须依靠扎实且宽厚的基础知识，尤其是随着科技和经济的发展，以及全球化进程的加快，社会中的产业、行业、职业结构也处于快速调整和变化的状态，这就要求对应的人才必须拥有足够的适应能力，可以随时应对职业、岗位的变化，乃至行业和产业的变更，没有扎实且宽厚的基础知识的人才在此过程中必然会被淘汰。

广博的基础专业知识指的是求职者的知识结构中的专业核心，这是科技飞速发展的阶段对人才知识结构的另一个基本要求，即求职者需要在专业方面体现出较广的专业知识范围和掌握的专业技术的深度，此需求主要体现在人才需要对专业方面的理论体系、概念体系、研究现状、专业最新信息等有广泛了解和一定深度的研究，同时需要熟悉和了解该专业临近领域的知识，从而形成属于自身的专业知识结构，并从专业领域向其他临近专业领域延伸和发展。

高容量的新知识储备指的是从业者需要拥有内容新、程度高、实用性强的各种新知识。内容新就是知识结构中拥有反映当今科学技术发展状况的新信息，且能够随着外界的更新而补充；程度高就是知识面较为广泛，且知识层次要高，拥有较强的普适性和发展性；实用性强则是需要从业者能够将拥有的新知识运用在工作之中，并有效提高工作效率和工作质量等。

（2）特定要求

上述所说的共性要求是现实社会中所有职业对求职者的普遍要求，而不同类型的职业，还会对求职者提出一些特定要求，以下介绍几种较为常见的职业类型对从业者知识结构的特定要求。

例如，教育类职业，其整个职业范畴包含了中小学教师、职业教育教师、干部培训教师、高校教师等不同类型的教育者。这一职业最特殊之处就是需要广泛教育他人，因此也对从业者提出了更加专业的要求，包括掌握辩证唯物主义和历史唯物主义的基础理论，以及扎实的专业知识，并对同专业的发展趋势、研究情况、交叉学科、相关新兴边缘学科等发展情况都具有较为清晰的了解和认识，同时需要具备较高的文化素养和道德素养。

又如，工程类职业，包括多类行业中从事工程、技术应用等方面的职位。这一职业最特殊之处就是要求从业者具备极为扎实的专业知识，同时具备新颖的现代专业理论，能够熟练掌握各种运用于实际工作之中的技术知识及一定的管理知识。

再如，管理类职业，包括经济管理、企业管理、财政管理、外贸管理、行政管理、金融管理等方面的职位。这一职业最特殊之处就是需要从业者具备很强的应变能力和心理素质，并熟悉掌握各种党的方针政策，能够根据管理的实际需要和发展规律，运用各种相关知识（除基本的管理理论和知识之外，还需要了解工商、税务、外贸、法律等对应管理知识）。

随着社会就业市场的不断发展，职业的类型也在快速增加和扩充，这就对大学生的知识结构提出了更加多样化的要求，作为大学生需要在高校期间就对期望发展的职业方向进行深入了解，并有效架构对应职业所需的知识结构，最终才能适应社会的发展，在就业市场获得更强的竞争力。

3. 大学生科学知识结构的建立

建立科学的知识结构是基于拥有对应知识的基础之上，对于当代大学生而言，需要从以下 5 个层面的知识着手，建构知识结构。

（1）公共基础知识

公共基础知识是指全面而广泛的各学科基础知识，包括数学、物理、化学、生物、文学、历史、哲学、地理等，是形成合理的知识结构的基石性知识，需要大学生根据自身特点和社会需求，在整个职业生涯中不断对其进行完善，因此必须培养出终身学习的能力。

大学生在大学阶段需要熟悉和积累各科门类和学科的基础知识，并在此基础上选用课余时间参与各类基础学科的知识竞赛，以增加知识积累，为未来的职业生涯发展打下坚实的基础。

（2）专业基础知识

专业基础知识是指不同学科专业的基础性知识，这是衔接公共基础知识和专业知识的重要内容。一方面是公共基础知识的深化；另一方面是专业知识的先导。专业基础知识包括对应专业涉及的所有知识内容，具有知识面广博且多样的特性，但不同的专业，其基础知识的侧重点不同。例如，教育专业不仅需要对应职业方向的专业知识，还需要掌握教育心理学、教育管理学、教育学、学科教学论、演讲学等相关的专业基础知识。

（3）相关专业知识

专业知识是指不同专业的学生所学习的专业知识，是大学生知识结构中的主要内容，而随着社会的发展，对应职业对专业知识的要求也越来越高。

例如，需要具备一定的专业实操能力，即在拥有足够专业知识的基础之上，将一定知识转化为能力，并可以在实践中运用。

（4）人文社会知识

人文社会知识主要是指自身基础知识和专业类知识之外的横向类知识，包含的范围极广，如人文知识范畴的伦理学、哲学、艺术学、语言学、经济学、历史学、管理学等，社会知识范畴的文艺学、民族学、社会学、政治学、法学、军事学等。

学习人文社会知识不仅能够扩充个体的知识面，开拓个体的视野，而且能够加强对整个社会和现代经济、管理等方面的了解，提高个体的社会适应能力。

（5）新知识储备

新知识储备指的是大学生应该在掌握专业知识基础之上，不断在基础知识的深度和宽度上拓展，掌握相关专业或行业最新的研究动向、成果，了解全国，乃至全球的科技动态和专业前沿境况等，不断储备新知识，开阔眼界和拓展知识面，从而提升自身的适应能力，为未来的发展提供更广阔的空间。

（二）培养匹配的职业能力

大学生建构科学合理的知识结构，是为了能够在未来职业生涯发展的道路上走得更加顺畅，同时也是为了能够拥有适应社会发展和变化的能力。在此基础之上，想要在就业过程中拥有更强的竞争力和广阔的发展空间，大学生还需要培养与相关职业相匹配的职业能力，具体可以从以下几个方面着手。

1. 职业素养的培养

职业素养指的是从业者通过不断的学习和积累，在职业生涯发展过程中所表现出来的，以及对职业发展发挥作用的品质，包括职业道德、职业素质、职业技能、专业素养等。

职业素养属于从业者在对应职业工作时自觉遵循内在规范和要求的品质，总的来说职业素养的培养需要从业者步入职业之后进行完善和建构。对于大学生而言，职业素养主要体现在显性的外在形象、职业资质、专业知识、职业行为、职业技能等层面，以及隐性的职业意识、职业道德、职业态度等影响职业外在表现的层面。

大学生的隐性职业素养属于个体内在的、与职业相关的品质，是在价值观、人生观和世界观的熏陶下逐步形成的，更是支撑外在显性职业素养的核心，因此大学生培养职业素养需要从价值观入手，在拥有健康正确价值观的基础上，完善人生观和世界观，以健康的隐性职业素养支撑显性职业素养的培养。

首先，需要大学生能够通过学习、知识积累、实践、判断等经历，有意识地对态度和知识进行内化和沉淀，最终升华为心理品质。例如，对职业的负责、认真、主动，行动过程中的高效、反思和稳定。通常在职场听到的"将某项工作交给某人做会极为放心"，就是其内在职业素养极好的表现。

其次，职业素养是在长期职业活动中逐步形成并完善的，具有相对稳定性。作为大学生，在高校学习过程中，只要是涉及职业或实践的工作或任务，就需要有意识地剖析和反思自身，以完善职业素养的积累，为培养正确、健康的职业素养打下基础。

再次，不同的职业对职业素养的要求有所不同，因此具体的外在表现也会不同，大学生在确立职业目标和职业发展方向之后，需要通过职业发展来了解对应职业的职业素养，从而有针对性地培养，从内在品质和外在表现挖掘自身的职业素养。

最后，职业素养是在学习、教育、实践和外在影响的综合作用下逐步形成的，作为新时代的大学生，应该及时了解社会环境的变化，并将社会发展对应职业素养的要求结合到职业生涯发展中，不断提高自身的职业素养，以适应社会发展，满足各方面需求。

2. 专业能力的提高

对于大学生而言，专业能力主要包括两个方面的内容。

一是专业知识，不同的行业和职业对从业者需具备的专业知识的要求不同，且专业知识的学习和积累是一个持续不断的过程。

从此角度而言，大学生在高校的学习不能仅仅为了应付考试，而应该将学到的专业知识当作自身未来职业生涯发展的武器，只要最终的职业目标和专业相关，就应该在明确目标的指引下，在专业知识上精益求精，不断提高和完善。

除了在学校的学习之外，实践是积累专业知识的重要渠道，并且是将专业知识转化为专业技能的唯一手段，所以在专业知识的积累方面，还需要通过实践对相关的知识进行验证，尤其是遇到问题或疑惑时，更应该通过实践来找到问题根源、突破口去解决，不仅能够在实践之中锤炼反思、分析和总结的能力，还能够通过实践将知识转化为工作中的工具和武器。

二是专业技能，这是根据专业人才培养目标，通过学习、实践、训练，形成能够掌握在手中的专业技术和专业知识运用技巧。

专业技能可以划分为基础技能和专门技能两类。基础技能指的是对应职业必须掌握的基本技能。例如，对于未来的教师而言，不论是哪个专业的师范生，都需要具备基础的表达能力、书写技能、信息处理技能等，即口语表达、书面语表达、形体表达、教学媒体应用等。

专门技能则是自基础技能发展出的进阶能力，依旧以师范生为例，成为教师后，还需要发展教授技能、指导技能、课堂组织技能等，都需要在教育岗位运用。

不同的专业，需要具备的专业技能有所不同，大学生需要详细了解职业方向和职业目标的职业需求，有意识、有针对性地对这些专业技能进行培养，拥有过硬的专业技能才能在就业市场具备足够的竞争能力。

3. 核心职业能力的提高

核心职业能力虽然不一定和专业相关，但却和个体的日常生活、日常工作、日常行为、日常态度等息息相关，通常具备普遍的实用性和广泛的可迁移性，会对个体的终身发展产生巨大影响。

具体而言，核心职业能力包括沟通能力、团队合作能力、人际交往能力、解决问题能力、时间管理能力等。

沟通能力是职业生涯发展中极为重要的能力，包括如何与人沟通、如何与社会沟通、如何与社会相融等，在职业生涯中，高效的沟通能力是提高工作效率、加强合作、提升任务成功率的必要因素。锤炼沟通能力需要从沟通的基础礼仪着手，学会倾听、善于反思、谦虚好学并足够主动。

团队合作能力是所有职业发展壮大的根本，毕竟任何一项工作都不是单枪匹马能够做到和完成的。大学生需要有意识地在学习过程和生活过程中培养独立思考、感恩、勇于承担责任、主动参与各项活动、协调与他人关系的能力，通过积极和他人沟通，加强大局观念，逐步培养团队合作能力。

人际交往能力是团队合作能力的发散和延伸，是个体与他人和谐共处，甚至最终实现彼此双赢乃至多赢的基础。大学生锻炼人际交往能力，需要在高校生涯中与他人广泛深入地面对面沟通交流,以完善自身的人际交往能力。

解决问题的能力是个体在职场立足和取得成就的根本。遇到问题并不可怕,最关键的是个体如何处理和解决问题,这是个体综合能力和素质的体现。培养解决问题的能力,需要从以下两个方面入手:首先是问题出现要冷静,勇敢面对问题,并发挥自身能力分析问题;其次则是分析问题之后寻找合适的解决方法,并付诸行动。确定解决问题的方法需要讲究策略,最好能够在学习、倾听的基础上广纳建议,以负责任的态度解决。

时间管理能力最重要的就是将事件按照轻重缓急划分,并根据事件分类完善行动计划,有序处理以便提高行动效能。时间管理一方面是善用时间,按轻重缓急合理划分,根据划分后的顺序合理分配时间;另一方面是提高行动效能,可以通过确定目标、确定方法、确定处理顺序、确定计划、选择方法来完成。

4. 实践能力的提高

大学生虽然具备较为丰富的知识,但这并不意味着其拥有足够的实践应用能力。作为新时代大学生,需要学会将知识转化为能力。这需要付出艰辛的努力和持续不断的实践。

相对而言,大学生的专业实践能力可以在相关职业的工作中逐步完善和形成,但一些基本职业能力,却需要尽早培养和完善,包括表达能力、适应能力、人际交往能力、决策能力、创新能力等。除此之外,在就业过程中还必须具备以下能力。

首先是自我推销能力,如今就业形势愈发严峻,就业竞争激烈,想在这样的社会背景下获得就业机会就需要提升竞争力,除最基本的知识积累和能力培养,还需要学会自我推销,即将自身的优势、特长等与职业需求相匹配,形成自身的特色和亮点,并让用人企业了解,这样才能够在众多竞争者中脱颖而出。

其次是自我包装能力,其和自我推销能力类似,即通过自我包装来吸引眼球,引发用人企业的兴趣和好感,自我包装的主要内容是包装个人形象和就业推荐材料,这些需要在实践过程中根据个体自身的特点和条件不断完善和优化。

最后是随机应变能力,可以分为就业策略方面和个体处理问题方面。就业策略方面就是要了解社会需求和职业需求,通过对自身条件和外界环境的分析，学会及时调整和完善就业策略，适应就业市场的需求和变化，以确保自身能够更好地抓准机会；个体处理问题方面则是在遭遇事件时，需要拥有灵活多变的思维，从多角度分析事件，善于抓住机会，以最适宜的方式处理。

第三节 大学生就业前的求职准备

大学生在求职过程中，最初被用人单位看到的就是推荐材料，其就如同大学生就业的敲门砖，只有准备的推荐材料足够吸引人，使用人单位产生兴趣，才能够进入面试阶段及最终的录用抉择。

大学生的推荐材料最主要的有3项内容，分别是封面、自荐信或推荐信、个人简历。

一、推荐材料的封面

个体的推荐材料，尤其是纸质版的推荐材料，需要用简洁明快的封面对其进行简易包装，一方面是对求职的重视，另一方面是对用人单位的尊重。

通常情况下，推荐材料的封面风格要秉承标题明确、简洁明快、图案点缀的特点，可在封面上注明标题"自荐书"，并按恰当的排版顺序写明姓名、院校、专业、联系方式等。当然可以运用一些小技巧提升封面的引人效果，但不宜过度，同时也需要针对职业方向进行抉择和匹配。

二、自荐信或推荐信的准备

推荐信通常有两类，一类是自荐信；另一类是他人推荐信。自荐信通常由个体自己来制作和书写，而他人推荐信的种类较多，如学校就业指导服务中心统一制作的就业推荐表、个体参与校园或校外实践活动后得到的推荐信等。

（一）自荐信

自荐信，通俗而言就是求职者写给用人单位的信，目的是通过自荐信来帮助对方快速对求职者有所了解，从而产生较好的初印象，为后续的面试和继续沟通打基础。

自荐信需要用精练的语言展示自己，态度需要诚恳、谦虚、大方得体。自荐信最大的作用就是建立个体与用人单位的沟通桥梁，通过书面的沟通来相互认识和了解，并以此为跳板，达成相互之间的现实沟通和交流，毕竟简单的书面介绍无法全面展现自身，只有通过现实的交流，个体才能有机会全面地展示自身的能力、才干、特长、技能等优势，最终得到录用机会。

自荐信最主要的内容是表现自我以得到用人单位的关注和兴趣，实现进入面试阶段及最终的双向选择。要实现这一步，自荐信的内容就需要扬长避短，充分突出个体的自我优势，如对自身的性格优点、特长、掌握的技能进行恰当描述，从而在众多求职者中崭露头角。

个体撰写自荐信时，需要注意两个重要事项：一个是注意自荐信的格式；另一个是注意自荐信的内容及特征。

1. 自荐信的格式

自荐信的格式和一般的书信相同，分为4个主要部分：标题、称呼、正文、落款。

其中，标题要写"自荐书"，字体简洁优雅、大方得体、放置于醒目位置，通常是自荐信页眉下首行居中。称呼指的是个体对自荐信推送方的呼语。若联系的用人单位极为明确，可直接用"尊敬的某某单位领导"，这里需要注意单位名称要确保正确；若用人单位并不明确，可用"尊敬的贵企业领导"，不需要冠以哪层领导职务，也不需要写明单位名称，采用敬语即可。正文则是自荐信的主要表现内容，需要在开篇向用人单位看此自荐信的人进行问候，之后直接切入正题，通过自我简介、自荐目的、素质展示、态度决心、结语5个部分来完善内容。其中自我简介只需要将个体姓名、毕业院校、毕业专业等表明即可；自荐目的则需要表达对用人单位的认识和热爱，尤其是对对应职业方向的认识和热爱，若联系的单位明确，则需要投递自荐书之前对其进行了解，越详细越好，并阐述自身对单位最感兴趣之处；素质展示需针对期望应聘的岗位及其要求，阐明自身的才能和特长，包括个体的基本学习表现、政治表现、实践经验和表现，以及个体的特殊之处，包括特长、最大优势等，但不宜过多；态度决心是表达渴求和强烈期望的内容，语气需自然恳切、不卑不亢、言简意赅；最后的结语则是以书信格式写贺语或敬候佳音等。落款需要在自荐信右下角位置写明自荐人和时间，署名处最好亲自手写签名来表示郑重,最后可注明个体的联系方式等基础信息。

虽然自荐信以手写最佳,但受到手写书法水平和字迹情况的限制,多数会运用打印件,通常以一页纸的内容量最佳。

2. 自荐信的内容及特征

自荐信的内容需要注意的关键点包括以下几项。篇幅要尽量简短,内容要重点突出,注意避免语言过分客套却无实际内容;文中的称呼(涉及名称)需完整正规,避免简称。内容需要突出个体的个性,尤其需要注意的是面对不同的招聘单位和不同的职位,内容的侧重点要有所差别,需要有一定的针对性,避免千篇一律。例如,对技术要求较高的职业,自荐信要突出自身的技能和实践经历;对细节要求较高的职业,自荐信要突出自身的严谨;对管理要求较高的职业,自荐信要突出自身的大局观和应变能力等。自荐信的内容还需要遵循实事求是的原则,尤其是陈述自身情况时要避免语气过分谦虚或自大。适度谦虚能够令人产生好感,但过分谦虚会给人缺乏自信之感;而语气自大浮夸,则容易被识破且给人无真才实学之感。所以内容一定要客观真实,且需要针对不同企业情况适度调整阐述模式。例如,向外资企业投递,自荐信的内容要充满自信,将能力等充分展示;而向国企投递,自荐信的内容要适当内敛。

通常自荐信需要打印出来,所以要做到文本工整美观,且排版和格式要清晰规整,语句要通俗易懂,避免堆砌辞藻,另外打印之前需要仔细检查,避免内容有歧义、重点不突出、有错别字、表述疏漏不清等,务必做到语句流畅通顺。

需要注意的是,自荐信中应避免谈论薪酬待遇,因为通常投递推荐材料时,单位会有相关职业的待遇说明,或者会言明待遇面议,而自荐信是对个体自身的推荐,最好不涉及待遇问题。

(二)他人推荐信

他人推荐信通常会和自荐信一起放置于个人简历之前,自荐信是个体的自我推荐,他人推荐信则是其他人为了推荐个体到某职位或参与某工作而写的信件。

如今较常用的是高校为了推荐大学毕业生就业所统一印制的信件,即高校的就业推荐表。其内容包括个体的基本信息,如姓名、民族、性别、出生年月、政治面貌等，以及推荐方的基本信息和意见，如学校、专业、学历、在校表现、院系推荐意见、就业指导服务中心意见等。

在填写就业推荐表时需要注意以下几项内容。首先，需要避免涂改，通常就业推荐表具有代表高校的作用，推荐表上会加盖高校公章，因此填表时要认真确认信息，避免涂改，尤其是与校方意见和个人成绩单相关的内容，若有涂改痕迹会造成极大误解。其次，个体可以在推荐表的备注部分填上自身的突出优势、重要成就、重要作品、突出表现等，以提高个体的竞争力。最后，就业推荐表对个体而言具有唯一可信性，因此就业推荐表一定要妥善保管，因其原件不可仿制，所以个体可以在求职过程中使用推荐表的复印件，只有和用人单位签订合同时，才需要提交推荐表原件。若因某种原因与用人单位解除了合同，需要及时将就业推荐表原件索回，以便再次自我推荐、与其他单位签约。

三、个人简历

个人简历是个体在就业过程中非常重要的一份自我推荐内容，通常需要个体对自身的学习经历、工作经历、知识能力、兴趣特长等进行简明扼要的介绍。可以说所有推荐材料之中，个人简历是最为重要的一项内容，类似于一个产品的广告和说明书，既需要将个体与他人区分开，又需要将自身的最大价值和最大优势展示出来，以供参与竞争获取职业机会。

通常情况下，一份优秀的个人简历会成为就业求职路上非常有力的助推器，帮助个体获得面试机会和就业机会。

（一）个人简历的作用和类型

如今处于网络化时代，无论是个体投递推荐材料，还是用人单位寻找可用人才，通常都是通过网络进行初步筛选。在这样的背景下，一份优秀的个人简历就成了个体获得更多面试机会的重要参考。

1. 个人简历的重要作用

通常情况下，招聘者会通过个人简历中以下内容进行初步筛选和考量，这也是个人简历最重要的作用。

首先，个人简历需要清晰明了地阐述个体能力，这也是招聘者初筛人才的基本参考。这里所说的个体能力，包括个体受教育的程度、相关工作经历、取得过何种成绩、获得过何种荣誉、拥有哪些资格或证书等，通常招聘者会依据个人简历中的这些相关内容，来判断求职者的基本素质和基本能力。所以说，个人简历中最好能够列举出与渴望的职业方向相关的具体经历和事实，令招聘者了解到求职者能够胜任哪些职业及岗位的工作。

其次，个人简历的内容中要体现出求职者的职业诚信，包括求职者在岗位上的工作稳定性、工作内容和经历的真实性等，如果个人简历中出现频繁跳槽的经历却没有合理的理由，或者工作内容和经历等有明显的隐瞒和欺骗，就会令招聘者怀疑个体的职业诚信，从而影响求职和就业。

最后，招聘者通常能够通过个人简历的表述和状态，对个体的逻辑性、层次性、表述准确性、写作能力等思维性特征有所了解和推论，因此求职者需要精心制作个人简历，将自身思维特性中的优势部分尽可能地展示，以提高自身的竞争力和吸引力。

2.个人简历的主要类型

个人简历按照其格式可以分为多种，其中常见的就是文章式简历和表格式简历。

文章式简历就主要是以文字来描述个体的经历，包括个体的教育情况、家庭状况、基本信息等，以及做过哪些工作、取得过哪些成绩、获得过哪些奖励、拥有哪些荣誉和证书等。文章式简历属于传统的简历写法，不仅可以考量个体的文字表述能力，而且可以清晰地体现个体的逻辑思维，另外个体的实践经历，可以表现其在实践过程中遭遇的问题和解决问题采用的方法等，甚至能够推论出个体是否具备反思、分析、吸取经验的能力和勇于承担问题的责任心等。

表格式简历是一种以表格形式分层次、分栏目介绍个体具体情况的简历，因为表格本身就具备一定的层次性和栏目，所以显得更加简练且逻辑清晰。需要注意的是，表格式简历不宜选用过分花哨的模板，能够突出个体的信息特征和优势即可。对于一些拥有特定要求的职业方向，更需要花费精力和时间有针对性地制作简历，以便充分将个体的特征展现出来，如设计类职业需要个体展现设计水平和审美能力等。

除这两种简历外，还有年代式简历、提要式简历、图册式简历、功能式简历、独创式简历等。年代式简历就是以个体经历的时间为主线来描述，突出的是时间节点；提要式简历则是运用经历提要来做引语，描述不同经历，通常有较多项目经历的个体可采用这种格式；图册式简历则是运用图表穿插等形式对个体经历进行描述，更显精美和设计感，通常有绘画类、设计类相关经历的个体，期望向相关设计职业投递简历时可采用此格式；功能式简历则是以个体的能力、特长为主要描述对象来制作的简历；独创式简历则要求拥有创造性和创新性，不拘一格，通常向创造性行业投递简历时采用此格式制作简历。

按照个人简历的载体划分，可以分为纸质简历和电子简历两类。纸质简历就是通过打印或精心制作的纸版简历，电子简历则主要存于互联网中，以方便调取查看和投递为特征。两种状态的简历可以有一定差别，但需要注意的是，通常电子简历最主要的功能是在网络投递，而进入面试阶段后，还需要携带纸质简历前往面试场所。

（二）个人简历的制作

个人简历的制作，需要先确定简历的格式，在此格式的基础上填充内容，同时要注意遵循相应的原则。另外，现如今简历的投递多数采用了网络投递的形式，因此除了制作纸质的个人简历外，还需要制作电子简历，在制作过程中也注意一些具体的事项。

1.个人简历的基本内容

制作个人简历时，格式可以根据个体期望投递的职业方向进行恰当的选择，不同的格式突出的内容也有所不同，但所有个人简历均需要包含以下基本内容。

一是个体的基本信息，包括求职者的姓名、性别、籍贯、出生日期、通信地址、联系电话、电子邮箱、微信或 QQ 等基本情况。

二是个体的教育背景，包括求职者的教育经历，就读学校名称，取得的学位、学历，相关院系和专业，在校期间的学习情况和培训情况，参与的社会教育和培训，专业获奖情况或专业活动荣誉等。通常不需要罗列中小学的教育情况。

三是个体的求职意向，即表明个体期望应聘的职业、岗位，甚至可以根据相关企业发布的招聘岗位信息填写，可具体到详细岗位。

四是个体的知识能力，通常需要阐明个体的通用知识和技能，包括计算机应用能力、外语能力、等级证书等；个体的专业知识和技能，包括专业课程和掌握情况、专业应用性操作能力等；个体的特长和爱好等情况，包括通过特长、技能和爱好，获取的荣誉和成绩，最好与期望应聘的职业和岗位需求相关。

五是个体的工作经历，作为大学生，工作经历主要需要说明在学校和社会实践工作之中的经历及获奖情况。例如，在校期间担任过学生干部的情况和取得的成绩，参与过的高校学生活动及经历，社会工作实践中的经历和成绩，专业实习情况和获取的荣誉或成绩等。

六是并非必备的内容，如个体的自我评价，即用极为精炼的语句来概括自身的习惯、性格、品行、优势等，需要客观且真实，以提供给招聘者更多的参考内容。

2. 制作个人简历的原则

个人简历是对个体提供给招聘单位的一份简要介绍，其内容需要遵循以下几条原则。

一是短小精悍原则，即简明扼要地介绍自身情况，通常控制在一页 A4 纸之内，若经历较多，尽量控制在两页以内；二是重点突出原则，即所有内容都需要紧紧围绕求职的意向进行组织和概括，尽量突出阐述能够胜任该职业岗位的能力；三是信息集中原则，即个体的经历、知识、技能、资质等信息要简洁清晰，多阐述与职位匹配的信息，避免信息驳杂而无主题；四是扬长避短原则，即内容要尽可能表达对自身有积极作用的信息，避免出现不利信息，展示自身最独特的个性；五是实事求是原则，即所有阐述的内容都应真实可靠，避免无中生有；六是适度包装原则，即将个人简历看作推销自身的广告介绍，各方面都可融入自身创意，但必须简明透彻，避免浮夸和过分华丽。

3. 电子简历的制作

电子简历是个人简历的电子版，可以和纸质简历相似，也可以单独制作。若单独制作，其内容要包括个人资料、教育背景、工作经历和经验、其他方面介绍等 4 个部分。

制作电子简历时需要做到以下几点：首先是内容直达主题，即将想传达的信息直截了当地表达出来，要避免语言过分婉转拖拉；其次是内容要突出重点、避免啰唆，自身专长、资历、成就、求职意向等简明扼要说明即可，切勿冗长，易遮盖重要信息；再次是内容要简单易懂且短促有力，不要运用模糊、笼统、过分专业的词汇及术语，语言宜用短句，直截了当且明晰；最后是包装适宜，电子简历能够充分发挥出电脑和软件的装饰功能，因此要注意进行适宜的包装，即以醒目、吸引力强、更具阅读性和通俗性为包装目标。

在通过电子邮件投递电子简历时，需要注意将简历直接拷贝到信息框，避免以附件的形式发送，减少招聘方的工作量，也令简历更加直白透明。

第四节 大学生的就业权益、法律保障、陷阱及防范

随着中国大学毕业生的就业制度逐步法治化、市场化，大学生在就业之前还应该增强法律意识，在自觉遵守市场规则的基础上，学会运用法律武器来保护自身的合法权益。

一、大学生的就业权益

大学生的就业权益主要包括求职过程之中，大学生依法享有的权利和必须要履行的义务。

（一）大学生的就业权利

大学毕业生作为中国高等人才储备，国家为了维护其就业过程中的合法权益，在很多相关法律法规中都明确规定了大学毕业生享有的各种权利。例如，在《中华人民共和国宪法》《中华人民共和国高等教育法》《普通高等学校毕业生就业工作暂行规定》《中华人民共和国就业促进法》《中华人民共和国劳动合同法》中均有涉及。其中，比较主要的权利有以下几种。

1. 接受就业指导权

大学生有权从学校接受就业指导，以便熟悉国家为大学毕业生就业所发布和制定的方针、政策，并通过就业指导来熟悉择业技巧，最终促使其能够综合各方需要后合理择业。

2. 获取信息权

大学毕业生有权了解相关就业信息，任何单位和个人不得隐瞒和欺骗，包括就业程序、时间安排、需求信息、各方政策、自身档案资料等；大学毕业生有权明晰就业管理机构的工作原则、工作过程、工作纪律等，从而可根

据这些内容调整自身的择业方式；大学毕业生有权全面了解用人单位的各方面情况，包括工作环境、工作内容、发展前景、劳动报酬等。

3. 被推荐权

高校有责任向用人单位推荐大学毕业生以促使其就业，不过在推荐过程中需要秉持相应的规则，包括如实推荐，需根据大学毕业生实际情况进行介绍和推荐，对其评价不得贬低和夸大；公正推荐，即高校推荐大学毕业生时要做到公平公正，每一位毕业生均可享有被推荐的权利，不能厚此薄彼；择优推荐，即高校推荐毕业生时要根据其在校表现情况，在公正公开的基础上择优推荐，将真正的优秀人才推荐出去。

4. 选择权

大学毕业生可以在符合国家就业方针及政策的基础上，自主选择用人单位，任何人不得干涉。毕业生可以根据自身情况和期望，自主与用人单位洽谈协商，同时可以要求学校予以推荐，直到签订就业协议为止。

5. 协商签约权

协商签约权指的是大学毕业生与用人单位达成就业意向后，需签订就业协议或劳动合同，以书面形式明确双方的权利和义务。就业协议通常是大学毕业生在校就读时，由学校参与见证的，毕业生与用人单位协商签订的毕业生就业计划方案和派遣依据；劳动合同则通常是大学毕业生与用人单位明确劳动关系中的权利和义务关系的协议，是大学毕业生上岗后从事何种岗位、享受何种待遇等的依据。无论是就业协议，还是劳动合同，都是大学毕业生和用人单位平等协商后，经双向选择签订的具有法律效用的书面协议。

6. 违约求偿权

大学毕业生签订就业协议和劳动合同后，任何一方均不得擅自毁约。若用人单位无故毁约，毕业生则有权就其违约要求相应的补偿。

（二）大学生的就业义务

大学毕业生在就业过程中，除了能够享有相应的就业权利之外，还需要承担起法律、法规、政策等规定的责任和义务，主要包括以下3个方面。

首先，大学毕业生要承担报效国家、服务社会、回报家庭，承担应尽责任。因大学毕业生属于国家培养的高等人才，从国家层面、社会层面、家庭层面都为个体的发展成长给予了极大的支持，耗费了大量人力、财力、精力，所以大学毕业生应该在毕业后积极主动用所学知识报效国家，发生择业矛盾也应以社会需求为出发点，将个体期望与社会需求紧密结合，主动承担此部分责任。

其次，大学毕业生需要履行诚实择业的义务，即向用人单位提供真实的推荐材料，不得弄虚作假，对曾经的过失也不得隐瞒。这一点不仅是需履行的义务，而且是未来职业生涯发展中的核心支柱。

最后，大学毕业生需要承担守信义务，即在履行就业协议、劳动合同过程中诚实守信，如和某用人单位签订了就业协议和劳动合同，就不能同时选择其他用人单位。这是作为高品质人才需要具备的基本就业道德，一旦违约，就需要承担对应的责任。

二、大学生就业中的法律保障

大学生就业过程中的法律保障，主要体现为国家和有关部门制定的一系列与大学生就业有关的政策和法规，其中最为重要的就是就业协议和劳动合同。

（一）就业协议

就业协议是一种由毕业生、用人单位、高校共同签订的意向性协议，属于三方协议的一种。其主要内容是如实介绍毕业生情况，并表达毕业生愿意到用人单位就业的意向，学校同意推荐该毕业生就业，用人单位也同意毕业生前来。其不涉及毕业生进入单位之后的具体工作，以及具体工作过程中可享有的权利和应履行的义务等。

就业协议订的立主要有两个步骤。一是要约，即毕业生持学校统一印发的就业推荐表参与供需洽谈会后，开始双向选择，毕业生若找到有就业意愿的单位，可向其寄发推荐材料，视为要约邀请；当用人单位收到材料并对毕业生进行考察后（如面试等），同意接收毕业生，则会寄发回执，即为要约①。二是承诺，毕业生收到用人单位回执后，进行筛选并确定，选择之后可领取就业协议书，并与用人单位签订协议，即为承诺。签订协议需要三方共同参与，用人单位和高校批准盖章后，开始具备相应的法律效力。

---

① 周清，何独明. 大学生职业生涯规划与就业指导 [M]. 北京：北京理工大学出版社，2019：230-231.

如果就业协议未经学校同意,即学校不认可或未盖章,则此协议为无效协议;如果用人单位未曾向毕业生如实介绍单位情况,或者并无录用计划却签订协议,此协议为无效协议。

生效的就业协议能够为毕业生提供有效法律保障,只要毕业生的信息真实可靠,就有权要求用人单位执行就业协议;若用人单位不执行,则需要给予毕业生对应的违约补偿,并需要承担法律责任。

(二)劳动合同

对毕业生而言,劳动合同的签订通常是在就业协议签订之后,即用人单位执行就业协议为毕业生安排工作后,双方在平等协商的基础上,签订确立劳动关系和明确对应权利义务的协议。

劳动合同是为了在法律层面确立二者的关系,并将彼此享有的权利和需要履行的义务用书面合同的形式确立,使协商内容具体化从而具备法律效力。

劳动合同中需要具备对应的法定条款,包括双方名称、住所等,劳动合同期限,工作内容、地点、时间、休假、报酬等,社会保险及对应的劳动保护、劳动条件等。另外还需要具备在二者平等自愿的基础上协商一致的约定条款,包括试用期时间、试用期薪酬、服务期时间、薪酬待遇和福利、各类保密条款和事项等。以上这些条款都是在为双方提供法律保障,当其中一方违反其中的条款,就需要承当对应的责任。

若双方在劳动过程中因劳动权利和义务出现争议,即产生劳动纠纷,可以通过不同的形式处理。例如,双方自行协商解决,此方式简单方便且不会伤及彼此感情,是国家最鼓励,也是最提倡的解决劳动纠纷的方式;劳动争议调解委员会调解,需依法向该委员会申请,委员会则需秉承双方自愿、民主的原则进行调解,若调解未达成,当事人可以在规定期限向劳动争议仲裁委员会申请仲裁;劳动仲裁,即当事人向仲裁委员会提交申请,由仲裁委员会对劳动争议进行处理,同样是先调解,调解无效则会制作仲裁决定书,若一方不按仲裁决定书执行,另一方可申请人民法院强制执行;向人民法院提起诉讼,这是劳动争议案件的最后一道程序,通常是以上程序未能解决的劳动争议,可以提交人民法院进行解决。

三、就业陷阱及防范

大学毕业生在求职过程中,难免需要走上社会寻求职业发展,而与高校所举办的招聘会相比,社会就业市场更加复杂多变,尤其是大学毕业生刚从高校走出,初步接触社会,整体而言在就业市场属于弱势群体,因此有些不法分子会针对大学毕业生社会经验不足、求职心切等特性,设计就业陷阱来骗取大学生的信任,以满足其自身的不法需求。基于此,大学毕业生需要擦亮自己的眼睛,认真辨别并防范就业陷阱,避免因求职遭受伤害。

(一)就业陷阱的种类

就业陷阱会侵害大学毕业生就业过程中的合法权益,这类有损大学毕业生就业质量和感受的行为与活动就属于就业陷阱,主要有以下几种类型。

1. 收取各种费用

一些不法分子会以招聘为幌子骗取求职者的钱财,并编造出各种看似正当的理由促使求职者信任并受骗。其比较惯用的伎俩是收取押金、培训费、上岗费、信息费等。匹配的则是各种理由,如上岗前需培训,要交培训费、考试费等;需要压货或避免货物风险,要求交押金等;以企业有规定为由,收取资料费或信息费等。

以上均是较为常见的收取费用的就业陷阱,在社会就业市场上,会不断有新型的就业骗局出现,并以各种理由收取费用。大学毕业生只需要记住一点,即按规定,用人单位不得以任何名义和理由向求职者收取费用和钱财,即使企业提出能够提供收据、发票等,均需提高警惕,只要不提交费用,就不会受骗。

2. 虚假招聘信息

大学毕业生求职过程中,很可能会看到一些极具诱惑的招聘信息或看似正规,实则为虚假企业,主要有以下几种模式。

美其名曰"高薪诚聘"。有些招聘信息的确是高薪诚聘,但通常对人才的要求也极为苛刻,此类属于正规招聘信息;有些写明"高薪诚聘",却几乎不设门槛,面试程序更是极为简单,允诺的薪酬也极为丰厚,通常此类为虚假招聘信息,目的就是吸引求职者落入陷阱,从而导致求职者损失钱财或引导其误入歧途。其实对于此类诱惑,只要擦亮眼睛,牢记天上不会掉馅饼,只有通过辛苦劳动才能获取真实可靠的报酬即可。

还有就是名不副实的招聘信息。例如，在信息中招聘多人，且面试时承诺的薪酬也较高，但其实获得这份薪酬需要极为苛刻的条件（这些条件不会在招聘信息中提及）；招聘信息中提及的条件看似正常，但面试后却要求购买产品后才能上岗等；招聘信息并无不妥，面试过程也较为正规，但真正入职后却不签订任何有法律效力的劳动合同，仅口头承诺，一段时间后给予极低的报酬，并以试用不合格为由将求职者解聘。

此类名不副实的虚假招聘信息通常较为隐蔽，有时在招聘信息中无法发现破绽，但通常也是有迹可循的。例如，招聘信息较简单，甚至不提岗位职责和要求；面试时极为简单草率，甚至不会涉及专业技能和知识的问询；刚刚经过面试就快速通知可入职，工作内容却和招聘岗位不符，或者不签订劳动合同等。

3.试用期陷阱

通常求职者和用人单位达成合作意向后，会有职业试用期，但若对试用期规定及相关法律法规不熟悉，就可能被个别不怀好意的用人单位钻漏洞，使求职者的合法权益受损。例如，试用期以各种理由收取求职者的证件并扣押，甚至会以此为由让求职者交付押金或保证金等。若求职者不期望继续发展提出辞职，用人单位还会以扣押的证件和押金等为威胁，甚至要求求职者赔偿用人单位损失等。这些都是违法行为，大学毕业生要擦亮眼睛，不要被这种威胁吓到。

又如，随意延长试用期，因为法律规定试用期工资不能低于正式工资的80%，相对而言试用期用人单位支付的工资会更低，所以有些用人单位就会为了少付薪酬，以时间较短尚未完成考察等为由，任意延长试用期。试用期时间的长短在《中华人民共和国劳动合同法》中有明确规定，最长不得超过6个月（需满足一定条件），若企业违反即为违法。

又如，有些用人单位会以"见习期"来替代试用期，哄骗新录用的大学毕业生，从而逃脱法律责任。所以大学毕业生需要分清见习期和试用期的区别：见习期是国家对录用的毕业生所执行的至少一年的考察期，是对即将进入国家干部编制的毕业生所进行的特定考核，具有强制性；试用期则是用人单位和求职者达成合作协议之后商定的考察期限，属于彼此进行了解和熟悉的缓冲阶段，最长不得超过6个月且不具强制性，需双方协定。

再如，有些用人单位给予求职者的试用期薪资，甚至正式合同期内薪资都低于当地最低薪资水平,这属于违法行为,大学毕业生应避免被哄骗,需要牢记即使没有任何工作经验,大学生也可以凭借知识获取对应的薪资。

(二)就业陷阱的防范

以上所说的就业陷阱,是大学毕业生求职过程中极为常见的,甚至还有很多新式陷阱出现,因此一定要增强风险意识,有针对性地防范各种陷阱,才能减少损失和伤害。

无论在何种环境下,大学毕业生都不要降低警惕之心,需要时刻明白天下没有免费的午餐,在择业过程中一定要多搜集信息,并经过理性分析之后再做决定,以免上当受骗,跌入就业陷阱。

首先,要做到任何时候都不大意,无论在任何情况下都不能将自身的重要证件留存在用人单位,也不随便签名和缴纳费用等。例如,用人单位要求新人购买各种材料等,一定要提高警惕,不要缴纳任何费用;若求职者尚未发送求职信息和递送推荐材料,那么无论哪个用人单位拨打电话都要提高警惕。

其次,在进入职场后,要注意记录用人单位的口头承诺和口头契约,并及时落实书面协议的签订,留存的口头承诺和口头契约等证据同样具有法律效力。在签订劳动合同时一定要仔细阅读各种事项、条款,避免跌入陷阱,永远要秉承细心无大错的原则。

最后,无论是接听电话,还是获得电子邀请,不要轻易相信,可以通过网络查证,避免因为信息了解不充分而上当受骗。

另外,遭遇就业陷阱之后,可以通过各种途径来维护自身权益。例如,遭遇欺诈、非法行业,可以向公安机关报案;遇到证件不全的中介或企业,可及时向国家市场监督管理总局反映;遇到虚假招聘信息,包括薪酬严重不符、工作内容严重偏差的情况,可向国家市场监督管理总局反映;遭遇以各种理由收取费用的企业,可及时向国家市场监督管理总局、公安机关反映,并要求企业退回费用等。

第六章 提升·大学生就业过程中的实用技巧

第一节 大学生就业信息的搜集、分析及择业技巧

大学生真正参与就业竞争的第一步，就是要对就业信息进行搜集、分析和处理，并恰当地运用择业技巧来寻找和抓住就业信息中的关键信息并加以利用，以便完成求职意向和推荐材料的投递。

一、大学生就业信息的搜集及分析

就业信息的搜集主要有两个渠道：一个是常规的求职和就业信息搜集渠道；另一个则是非常规的求职和就业信息搜集渠道。

（一）常规的求职和就业信息搜集渠道

一般情况下，可以通过招聘网站、广播电视、报纸杂志等常见的方式了解就业岗位和职业需求。不过在互联网时代，各种信息与就业信息混杂，这就要求大学生能够通过恰当的方式辨别良莠，并通过正确正规的途径求职，比较常见的求职渠道包括以下几种。

1. 大众媒介

大众媒介主要包括正规就业网站、报纸杂志、广播电视、新媒体等。通常大众媒介上发布的就业信息较为全面，包括具体的招聘单位及信息、某职业方向的人才需求状况、某产业或行业的发展趋势等，也是现如今最方便的就业信息搜集渠道和求职渠道。但对于大学生而言，大众媒介的信息较为庞杂且多样，因此需要耗费精力进行可靠性的考察和检验，以避免被虚假广告误导，预防上当受骗。

第六章　提升·大学生就业过程中的实用技巧

2. 政府部门及高校就业指导机构

通常情况下，各地方的人力资源和社会保障局会在每年大学生毕业前发布相关的就业决定、决议、规定、意见等，大学生可以从中了解就业形势和就业制度等，通常多属于指导性信息，对大学生具有思想上和方向上的指引作用。

高校就业指导机构通常也会在大学生毕业前发布一些就业指导信息和招聘信息，其中以就业指导信息为主，招聘信息较少，大学生求职过程中可以收集对应的信息，以了解最新就业形势。

3. 各类人才市场、招聘会的就业信息

大学生涉及的人才市场和招聘会主要有三大类，分别是校内人才市场和定向招聘会、校外人才市场和人才交流会、中介服务人才市场和介绍会。

校内人才市场和定向招聘会是集中在高校校园的一种大型招聘会，通常计划性强，且计划招聘新人的数量和专业都与进入校园的企业的整体人才规划及人才发展战略息息相关。正因为有计划和规划，所以进入校内招聘的企业多数是中大型企业，会在高校较为知名和热门的专业中挑选综合素质较高的大学生。虽然这种招聘会对大学生而言更加方便，但也暴露了一定的问题，即招聘到的人才职业化水平并不成熟，所以流失率较高，同时这些人才在进入企业之后还需要进行系统化培训，最终经过筛选才能得到所需的人才。

校外人才市场和人才交流会属于较为传统的招聘会，一般由当地政府及多个单位联合组织举办，最大的特点是覆盖范围较广、招聘单位较多、涉及职业和专业齐全。此类招聘会也被称为现场招聘会，大学生可以直接到招聘现场对企业实力、就业形势、职业方向等信息进行搜集和了解，同时也能够和企业人力资源顾问面对面交流，一方面提高面试实践技巧和能力，另一方面也能够直观地了解企业的招聘风采。通常现场招聘会具有一定时效性，因此效率较高，有助于求职者和招聘者的快速选择。

对于大学生而言，现场招聘会益处较多，即使无法找到相对满意的职业，也可以多多参与。一方面能够了解社会就业形势、熟悉企业情况、了解招聘和应聘流程；另一方面能够锤炼自身的交流沟通技能和面试技巧。

中介服务人才市场和介绍会指的是经过高校当地政府人事部门或有关部门批准后，以中介服务机构组织的形式进驻高校或集中区域召开的职业介绍会，其最主要的业务是搜集和整理人才供需信息，同时也会展开对应的职业介绍业务。

4. 社会关系推荐或介绍

大学生的社会关系主要包括亲戚、朋友、同学、老师、校友等人脉资源，虽然作为大学生，掌控的就业信息并不完善且片面，但经过将人脉资源掌握的就业信息进行整合，同样能够获取到准确的就业信息和就业渠道，而且有效性和信息获取效率都相对较高。

不过相对而言，虽然社会关系所提供的就业信息和渠道较为专门和独特，但是总体而言信息量较小，可挑选和筛选的余地也相对较小。

5. 社会实践活动获取

通常，大学生的见习和实习机会贯穿于学生生涯，大学生需要珍惜这些机会，通过参观考察、社会调查、实践分析等，积极搜集各种就业信息，这些就业信息是由大学生自己通过积极探索和认真思考得来的，所以针对性较高且对自身的实用性大，就业的成功率也相对较高。

（二）非常规的求职和就业信息搜集渠道

上述较为常规的求职和就业信息搜集渠道，都是较为常见且参与机会较多的渠道。除此之外，大学生还可以通过非常规的求职和就业信息搜集渠道来了解就业形势，主要有以下几种方式。

首先是大学生主动求职，即对契合自身需求和职业发展方向的企业，在事先进行调查和了解之后，主动联系对方，这要求其拥有较强的沟通能力和心理素质，即需要经受得住被企业拒绝的打击。当然，采取这种主动求职的方式也需要参考对方招聘主管是否欣赏主动精神。

其次是团队求职模式，即将拥有共同求职目标的同学组建为一个团队，大家共享求职信息，可以以团队形式去应聘目标单位。这种求职模式需要建立在彼此信息较为透明的基础上，挑选人才需求量较大的企业。

再次是曲线求职模式，即面对竞争激烈的就业环境和数量庞大的就业大军，个体在综合考量自身的综合素质和专业技能后，依旧感到存在较大差距，可以通过继续深造的方式提高自身竞争力，起点更高，竞争力也会更大。

最后，多元化求职模式，互联网时代各种信息搜集渠道层出不穷，大学生可以广泛发挥这些渠道的碎片化信息特性，通过公众号、小程序等进行特定职业的信息搜集，还可以将自身在网络中获取的成绩纳入个人简历之中，以此提高自身的竞争力。

(三) 就业信息的分析和处理

通常大学生通过上述的就业信息搜集渠道获取的信息数量较大且较为杂乱，有很大一部分信息对于个体而言是无用的，甚至会影响个体进行就业决策，因此在充分搜集就业信息之后，还需要对其进行整理、分析和处理。

1. 就业信息整理和分析原则

大学生对就业信息进行整理和分析需要遵循以下几个原则，以便节省时间和精力，快速筛选出对其有益的就业信息。

首先，需要划分重点，将所有的信息归纳整理，剔除和个体期望职业方向相悖、兴趣爱好完全相左的信息，初步筛选之后进行信息比对，按重要程度将信息分类留存，其他一般信息则仅做参考和信息分析的基础。

其次，需要根据自身特点和需求，选择适合的相关信息，不同的个体筛选出的信息会有巨大差异，但只有适合自身的信息才能够作为后续信息分析的核心内容。

再次，掌控好就业信息的范围，避免所有信息局限于热门职业、热门企业及其相关信息，而应该广泛进行信息布局，通过多层面、广范围的信息筛选，对整个社会的就业形势和就业特征有所了解。

最后，需要注意信息的时效性，尤其是一些企业的招聘信息，在毕业季更新和变化得较为频繁，个体搜集到就业信息之后需要及时整理、归纳并使用，以免超过招聘时效，导致信息失效、过时。

2. 就业信息分析方法

就业信息的分析建立在科学整理和加工的基础之上，综合而言需要结合个体的实际情况和特点，以法律法规为核心标准对所有信息进行筛选，去伪存真、留取精品，之后以自身需求和职业要求为出发点，有针对性地将信息排列，最终根据排序后的信息进行科学分析。具体就业信息分析方法可参照下列步骤。

第一，正确地筛选就业信息，需要以有效关键词为基础查阅大量信息，并用较短的时间对信息初筛，将与就业不相关、与大方向不匹配的信息剔除；然后判断和鉴别剩余的信息，要确保信息的准确性、有效性和可行性，如果整理过程中发现缺少关键信息，需要及时考察和补充信息，以确保就业信息完善。

第二，经过筛选和整理后的就业信息有很多并非很直观的内容，有些需要大学生深入思考和剖析，才能找到信息中潜藏的价值。例如，搜集到的用人单位招聘信息，通常极为简明扼要，但有时不包含企业的规模、性质、发展方向、经营范围、工作环境、对人才的具体要求、福利待遇等信息，这就需要大学生通过调查和搜集，完善此部分信息以供参考。

第三，将完善后的信息，按照个体的特性和标准，进行最适宜自身需求的排序，通常可以罗列出择业的提纲内容，包括职业目标、职业方向、择业基本标准（如工作地域、职业空间、企业人才培养模式、薪资待遇、相关福利、锻炼空间等），根据这些内容将符合的信息筛选出来并排序，契合条件越多的信息排位越靠前，符合条件但较为相似的信息则依靠对比标出主次。

第四，根据排序好的信息，及时向相关企业反馈，做好求职追踪工作。毕竟大部分企业的招聘信息具有强时效性，企业对应职业的录用指标毕竟有限，只有及时进行反馈追踪才能够避免错失机会。通常可以依照排序反馈信息，表明诚意和期望。

第五，对期望的招聘信息进行反馈（即与对方联系），递交制作好的推荐材料，并保持通信畅通，以便意向企业通知面试。如果同时接到两个及以上企业的面试邀请，需要合理安排时间，若个体不希望到企业发展，也要及时反馈，表达歉意的同时避免浪费对方的时间。

二、大学生的择业技巧

大学生就业过程中，就业信息的搜集和分析整理，都是为了获取意向企业的面试邀请或进一步彼此了解的机会，这个过程中也需要许多技巧，若因为经验不足而缺乏必要的择业技巧，最终导致失去机会就有些得不偿失。因此，大学生需要学习和掌握一定的择业技巧，以便应对求职过程中的基本情况。

（一）择业过程中遵循的原则

择业过程中，大学生不能以"广撒网"的方式投递求职意愿和推荐材料，即需要遵循一定原则才能够避免纷杂干扰信息，并有针对性地获取更多与职业意向相关的企业的反馈。

投递材料时可以依照以下5种方向：一是职业与个体性格匹配，即分析

第六章 提升·大学生就业过程中的实用技巧

个体性格后，根据个体的性格特征和行为特征投递对应的职业岗位；二是职业与个体兴趣匹配，即选择和兴趣吻合的职业进行投递，可以确保工作过程更加富有动力，但此职业方向不能取代全部；三是职业与个体能力匹配，通过对其能力体系的分析，选择拥有类似能力要求的职业进行投递，能够更好地发挥自身的能力，也可以提高反馈率；四是职业与个体气质匹配，虽然个体的气质不会对职业活动产生决定性作用，但通常会影响职业活动的工作效率，因此个体可以通过分析自身气质，选择较为匹配的职业进行投递，为未来职业生涯的发展奠定基础；五是职业与个体价值观匹配，不同的价值观影响下，对同一职业的特性会有不同的评价和认识，因此在择业过程中，需要投递与价值观相契合的方向[①]。

以上原则均可以作为分析就业信息的标准，当发现与标准重合度极高的职业时，需要及时抓取机会，并主动深入了解对应企业的情况，以确保其与个体的职业发展方向契合。进行就业信息排序时，也可以将上述标准作为依据，以便个体能够得到更契合自身未来发展的职业。

（二）相关的择业技巧

大学生就业过程中相关的择业技巧贯穿各个环节，从准备推荐材料到求职意愿和简历投递，再到获取反馈信息的沟通，都有不同的技巧。

1. 推荐材料的准备技巧

大学生准备推荐材料时，需要有一定的针对性，即针对不同用人单位的不同要求和不同职业，准备侧重点不同的推荐材料，通常需要、强调自身与对应岗位匹配的知识、能力、经验、特长等。在此过程中要通过适度的包装来提升自身形象，但不是要小聪明，而是需要从细节入手。

另外，大学生准备的推荐材料的内容要以诚信为本，在展现出自身的优势和强项的同时，也可以写出自身的缺点和不足，只要能够正视这些问题，并有意去弥补和改正，通常用人单位不会太在意这些对工作影响不大的问题，多数用人单位更关注的是求职者的潜力和态度。

2. 表达求职意愿的技巧

通常情况下，就业信息的时效性很强，通俗来说就是求职机会其实是极易流失的，想要抓住求职的机会，最佳的方法就是对就业信息进行充分论证

---

① 郭晓冉. 当前我国大学生择业观教育研究 [D]. 成都：电子科技大学，2017.

和分析之后主动出击，即做好各方面准备后主动联系对方，联系的出发点就是确认对方是否有某类职业岗位需求，并进行极为精简的介绍，得到沟通机会后，再使用技巧抓住机会。

一般情况下主动出击需要做到以下几点：不等对方提问，主动介绍自己，但要简明扼要；若察觉到对方有相关职业的招聘需求，可以主动提出呈交推荐材料，询问对方收取材料的邮箱或方式；最后是不要消极等待回音，在到达对方承诺或给予回音时限后主动询问，若无法得到机会，最好能够通过沟通交流了解自身存在的问题，以便有针对性地调整，积累经验教训。

在主动介绍自己的过程中，可以重点突出自己的特点，如与众不同之处、特长、知识能力等，可简单列举案例，简明扼要进行说明。

3. 电话求职的技巧

随着互联网和移动通信的发展，电话求职已经成为现今非常重要的一种职业需求沟通交流方式，其不仅可以节省时间，而且能够避免盲目求职，可获得更多面试机会，有效提高求职成功率。采用电话求职同样需要运用一定的技巧，包括通话方式、控制时间等，具体需要注意以下几个方面。

首先，一定要在通话之前做好准备，包括求职的理由、自我推销的内容等，虽然多数通话会在对方需要求职者投递简历中结束，但有些也会直接在电话中进行初步测试和筛选，以便决定是否邀请求职者面谈。所以求职者一定要在通话前做足准备，一旦对方提出问题，能够有条不紊地回答。

其次，通话之前需要注意选择信号通畅、没有干扰、安静的场所。如果必须要在室外联络，也应该选择相对安静的环境，毕竟电话求职是比较正式的交流方式，若由外界环境的嘈杂导致无法听清交流的内容，会影响双方的沟通。

再次，通话时需要选择好通话的时机。例如，不要在对方可能忙碌时通话，包括午餐时间、下班前的时间等，尤其是在休息时间通话不仅打扰对方，也会给人不礼貌的印象。可以选择上班后半个小时左右进行通话，不仅效果好，而且给对方带来的印象也会更加深刻。另外就是要控制好通话的时长，通常初次沟通的通话时长要控制在 10 分钟以内，若需要长时间沟通，最好事先预约，并准时拨打电话进行沟通。

最后，要准备好必要的通话内容和正确的沟通方式。电话求职的根本目的是为了进行初步沟通并争取面试机会，因为对方通常没有相应的准备，所以应避免通话内容涉及的方面过多,正常情况下所谈及的中心内容为1～2个,并根据中心内容准备好拥有足够吸引力的信息。在准备通话内容时,最好进行一定的模拟和预期,预想可能遇到的困难、阻力、解决办法等,并做好意外事件的预案。

通话内容通常以自我介绍开篇,直接询问对方是否在招聘,具体招聘的职业要求为何,或者直接询问在招聘信息中未了解的事宜,用最短的时间进行有效沟通。在打电话之前可以先罗列沟通提纲,并准备好笔以记录对方阐述的重要内容。

在通话开始后,一定要注意自身的沟通方式,简单的问候是必不可少的,可以礼貌地确认对方的招聘信息,说话的语气和语言要热情坚定,音量不宜过大,也不宜过小,且不需要过分客套和含糊,应该在精准表达的基础上不失礼貌。沟通过程中需要注意减少不必要的习惯语和口头语,语速要控制得当,声音平稳且吐字清晰,尤其是当对方语气并不热情时,更应该控制好情绪、语气、声调,以展现自身最佳形象。

第二节　就业求职过程中的礼仪知识

在就业求职过程中,大学生带给招聘者的第一印象极为重要,而第一印象的展现,核心内容就是对应的礼仪知识。对于刚刚毕业的大学生而言,就业求职过程中的礼仪可以分为两个部分,一部分是面试之前的礼仪知识,另一部分是面试时的礼仪知识。

一、面试之前的礼仪知识

面试时,除了和招聘者交流时涉及的沟通礼仪之外,还涉及外表类礼仪。面试属于较为正式的人际交往过程,因此端庄的仪态、整洁的衣冠、洁净的外貌等,不仅体现了个体的精神状态和外貌状态,同时也潜在体现了个体的文化程度和文明素养,以及对社会、企业、他人的尊重,这是面试过程中衡量人才的标准之一。

（一）容貌礼仪

容貌礼仪中主要是发型、手与指甲、妆容等。

就发型而言，面试是非常正规的面对面沟通场合，因此面试时头发需要以大方自然为原则，保持头发整齐干净且自然，能够显露出完整的面容即可。

当然，性别不同，发型要求也会有所不同。男性保持头发整洁干净、精心梳理、发型简单朴素、最好不要中分即可，最好能够将胡须处理干净，若留胡须也需要进行修整，给人干练、整齐之感。

女性通常头发较长，因此搭配时最好能够使发型和脸型匹配，以体现精致自然之感。例如，高颧骨脸型可以留长鬓发，最好超过耳线，适当遮盖高耸的颧骨，刘海可以稍长，但不要中分；而低颧骨脸型则可以将两鬓向后梳不遮耳线，以显露整个脸型为佳。又如，发际线较高的脸型，发梢应该向下梳，用刘海遮住部分前额，若是发际线较低的脸型，则可以不留刘海，若偏爱刘海则需要尽量短。

就手而言，人与人进行沟通时，手通常会置于身体前方，同时也会匹配一定的手部肢体动作，因此手部细节很容易受到他人的关注。男性的手和指甲要保证洁净，不要留长指甲，给人以干净利索之感；女性的手和指甲同样需要保证干净，尽量不要留长指甲，若偏爱长指甲也不要过长，否则会给人以无法很好地进行工作之感，另外就是不要涂抹过分艳丽的指甲油。

妆容主要是与女性求职者有关，通常要以素妆和淡妆为主，切记不能浓妆艳抹。口红、眼线等均不能过深，体现出自然风采即可。使用香水则同样以清淡型为主，女性最好能够寻找符合自身气质的香水，可以在面试前一段时间使用香水，最好不要进入面试房间之前补用香水。

（二）着装礼仪

着装礼仪包括个体的衣着、领带、鞋袜、饰物等各个方面。

其中衣着最为主要，求职者大方优雅的外表除了体现在容貌方面，还体现在衣着方面。面试属于较为正式的场合，因此穿着也要偏正式，虽然不同用人单位的面试官审美并不相同，但以职场规律来看，绝大多数面试官社会阅历都较为丰富，因此对传统观念更为认可，大学生最好能够穿着较为正式且符合大众潮流和审美的服装，避免奇装异服，以及图案夸张怪异、色彩过分艳丽等。

通常男性可以穿西装，给人以正规重视之感，不论穿着哪种颜色的西装，都需要考虑好衬衣、鞋袜和西装的搭配，切忌西装裤子较短、衬衫置于裤外、衣兜鼓胀等。穿着西装最好搭配皮鞋，切记不可配运动鞋。为了显得正式可以打领带，需确保领带端正、干净、平整、坚实，避免松松散散，颜色需要和着装搭配。

当然也可以穿着其他服装，前提是干净整洁、搭配合理，避免给人以拖拉、懒惰、邋遢之感。鞋袜干净整洁，鞋无污痕且系牢鞋带，袜子颜色和鞋子、裤子相搭。

男性面试者常见的饰物是手表、皮夹及公文包。手表应该选择较为商务的样式，若衣着偏运动风则可以选择运动手表，但不可佩戴卡通型手表，避免给人以幼稚感；皮夹并非必要品，但若携带皮夹最好能够精简，避免其过分鼓起；携带公文包时可选择细长类型，也可以不携带公文包，只持整洁文件夹携带推荐资料即可。

女性面试时的着装选择很多，需要注意避免穿太透、太露、太紧的衣服，整体颜色协调一致，给人庄重雅致之感，颜色也有多种选择，但应避免过分妖艳的颜色，如粉红色，易给人虚荣、圆滑的印象。

女性的鞋袜总体搭配原则是和整体服装协调，包括颜色和款式需要和服装匹配，最佳的选择是中跟鞋或设计新颖却不突兀的靴子，尽量避免长细跟鞋；女性若穿着丝袜一定要注意避免脱丝，可携带一双备用，若出现丝袜脱丝可及时更换。

女性的包可以选公文包，也可以选手提包，但要避免两个一起携带，包内尽量减少物品，包的大小样式需要和自身情况相匹配，如身材娇小的女性就不要携带过大的包，穿着淡雅的服装就不要携带颜色艳丽的包。

女性的饰物也有多种，包括帽子、围巾、首饰等，若佩戴帽子，要保证形状、颜色与服装搭配，围巾可视天气情况进行佩戴，首饰应该尽量少戴，耳环需小巧且舒适，项链也应以精巧为主，手镯等其他饰物需要避免过分古怪。整体而言女性首饰以少为美。

二、面试时的礼仪知识

面试之前的容貌礼仪和着装礼仪，均属于外在形象，其给予人的是第一印象，真正影响他人对个体印象的，主要是面试过程中个体的行为礼仪。

(一)行为举止礼仪

在任何人际交往之中,行为举止都是非常重要的一项交流沟通工具,甚至彼此交流过程之中会有大量信息通过行为举止传递给他人。进入面试环节后,行为举止一定要礼貌、自然、得体,同时需要针对场合和身份进行适当调整。例如,走路时姿势要端庄文雅,抬头挺胸目视前方;站定时要身体挺直并充满自信;坐下时要端正且精神。

整体而言,面试过程中的行为举止和普通的人际交往过程类似,但需要注意两个问题。

首先是最好不要和他人结伴同行,尤其是刚刚步入社会的大学生在面试时习惯和同学或朋友一同前往,一方面减少紧张感,另一方面也可为自己出谋划策。虽然这样做无可厚非,但一定注意避免同行者陪同进入面试场所,不仅给人极不自信的感觉,而且也容易造成尴尬(如面试官不知道是谁来面试)。最好的做法是避免他人陪同,若有人陪同,也应该让对方在企业面试场所外部等候。

其次是需要及时做出决策,避免犹豫不决,在面试官眼中个体的犹豫不决就是不够自信和不够独立的表现。这种情况通常会出现在做决策时,以及对方对个体有一定考察要求时,遇到这样需要尽快决策的事件和问题,应该快速思考,并在较短的时间内给予一个答复。如果无法快速给出确定答案,也需要告知对方自己需要深入考虑后再做答复,并承诺对方何时可以给出最终答案,既能体现出诚意,也能够表现出谨慎。

(二)见面时的礼仪

接到面试邀请之后,通常招聘方会和求职者确定面试时间,当双方对时间没有异议之后,求职者一定要遵时守约,迟到或无故违约都是不尊重对方的表现。

求职者如果因为客观原因改变面试时间,需要提前通知对方并另约面试时间;如果迟到最好主动陈述原因,避免对方产生误解。通常情况下,求职者需要提前15分钟左右到达面试地点,一方面表示诚意,另一方面也有一定的准备时间和调整时间。

另外,求职者在和招聘方见面时一定要注重细节,以礼相待,包括进入企业面试场所时遇到的任何企业内部人员,都应该符合礼仪规范。例如,可以微笑或轻微点头以示尊重和礼貌；在进入面试场所时需要先敲门，获得答复后再进入；不论面对的面试官和面试环境如何，都应该略带微笑点头示意，接到对方的入座邀请后再坐下，以示尊重；若面试官伸手示意握手，应该不卑不亢地答礼。

（三）应答时的礼仪

求职者面试过程中最核心的内容就是沟通应答，这是面试的基本环节，也是对方了解求职者最直观的方式，因此对自身的谈吐需要认真把握，注意应答时的对应原则和礼仪规范，表现出自身谈吐的文明和礼貌。

在首次应答时最好以礼貌语开篇，言辞要标准且连贯，内容要简洁通俗。应答过程中需要特别注意以下几个问题。

首先，面试官若要求求职者自我介绍，介绍时则需把握分寸，应简明扼要地介绍，避免拖沓。通常自我介绍应该控制在2分钟左右，在简单言明姓名、年龄、毕业院校、专业、毕业时间后，可以根据应聘的职业、岗位特点，重点介绍与之相关的经历、学业情况、技能和个性特征等，在尽可能短的时间内令面试官了解自己的能力和特长，即能够做什么。

其次，面试过程中的沟通交流，对求职者而言是一种带有考核性和测试性的被动交谈，虽然求职者事前会做充足准备，但面试官还是有可能提出各种各样考验求职者应变能力的问题，包括看似难以回答或较为刁钻的问题等，遇到这样的情况，求职者需要冷静分析后回答，这通常会体现出求职者的品德修养、思维水平、应变能力等。当然，这种应变能力通常需要经过历练才能游刃有余，若遭遇应变不及的情况，也不要过分紧张，可以快速调整心态冷静下来，以坦诚的回答来应对问题。

再次，在面试过程中真实地表达想法，是极为重要的一项沟通技巧，在遇到无法回答或并未了解通透的问题时，应该坦率地回答或询问，以表现出自身的诚实，同时也可以快速积累对应的面试经验。

最后，虽然薪资问题是面试过程中较为敏感的问题，但同样也是求职者较为关切的实际问题，面试中必然需要将其提出并解决，但如何把控节奏需要一定的技巧。通常求职者在面试之前，应该先对该行业中该职业平均薪资待遇进行了解，以便心中有数；另外不要在初次见面时就谈及薪资待遇问题，而应该在"火候成熟"时，如招聘方表现出合作意向或主动询问时再谈及；如果是招聘方主动提及薪资问题，通常会直接向求职者提问期望的薪资,此时可以根据自身了解到的待遇情况,说出能够接受的待遇,但应留下彼此回旋的余地。

(四)离开时的礼仪

通常面试过程中,招聘方不会非常直白地表示面试结束,而是会以暗示的方式来表达想结束面谈,因此作为求职者应该注意对方的暗示并适时礼貌地提出告辞,即使面试失败,也应该面带微笑向面试官致谢后离开。需要注意的是,离开前应对所有面试场中的面试官致谢,离开时携带自身的物品并关好房门;若面试时挪动了椅子,也应该在离开前将其归位,以体现礼貌。

若在面试过程中并未得到具体的结果,如面试官告知可先回去等待通知,这样的情况下若之后未收到通知,可在 2~3 天后打电话询问,通话时应先表示感谢再简要说明曾在何时参与面试,礼貌地询问面试情况和结果。

需要注意的是,在招聘方未正式向个体下发聘书之前,包括正式入职邮件或电话告知,求职者切忌守株待兔,应该积极主动向其他企业投递简历,寻求更多的机会。

如果面试失败,求职者不要陷入失望的情绪中无法自拔,而是应该反思总结,寻找失败的原因,并有针对性地改进和提高,以便在其他机会来临时能够及时抓住机会。

第三节 大学生求职时的面试与笔试

通常招聘方筛选所需人才会选择面试和笔试的方式,有些企业也许仅有面试,也有些企业会在面试时掺杂笔试,作为大学生需要对企业的面试和笔试进行综合了解。

一、大学生求职时的面试

面试的基本程序主要由招聘方完成,一般会通过面试申请材料和推荐材料,初步筛选出可能符合企业需求的人才,从而确定面试名单;企业会通过各种方式联系求职者参加面试,最常用的就是电话通知,在电话沟通过程中,会将企业名称、招聘岗位、面试时间、面试地点、求职者需准备的材料等详细通知，同时招聘方通过通知的反馈结果来确定有意向面试的人才数量和竞争情况，以便做出相应的准备。

（一）大学生面试准备

大学生在接到招聘方的面试通知后，首先需要筛选面试邀请，即寻找较为契合自身需求和期望的企业及职业，最好做好记录，并在接到其他面试邀请时，合理安排面试时间，以避免因为时间重叠放弃机会。之后需要大学生进行以下两项准备。

1. 了解企业情况

企业通知求职者面试后，求职者就已经开始进入就业竞争的阶段，通常企业不会愿意录用对企业一无所知的面试者，因此作为求职者可以在面试之前，对即将面试的企业进行简单的了解，包括企业的规模、发展情况、产业模式、招聘者特征、企业的性质和业务、市场竞争情况和人才结构等，求职者应该尽可能了解相关基本情况，通常可以通过企业官方网站，以及各种企业相关新闻和活动对其进行了解。

另外，在条件允许的情况下，求职者还可以对企业负责招聘或面试的人员情况进行简单的了解。例如，调查清楚招聘者的性格和特点，包括作风、性格、爱好、习惯、专业等，了解越详细也就可以更有针对性地做准备，以便提高面试的成功率。

在了解这些后，需要根据面试通知做好相关材料的准备工作，包括推荐材料的复印和整理，盛装这些材料的文件袋或包。材料可以按大小依次排列，以供面试时寻找材料更加方便。

2. 了解面试方式

在参与面试之前，大学生最好能够了解就业市场常见的面试方式，以便找到具有针对性的应对方式。面试也被称为口试或面谈，是招聘者对求职者进行面对面考核的主要方式，通常会在招聘方指定的时间和空间中完成考核任务。主要考察的是求职者的沟通能力、应变能力、自控能力、逻辑思维能力等，是非常有效的筛选人才的方式。主要的面试方式有以下几种。

一是初试性面试，即应聘人数较多，为了能够筛选出符合条件的应聘者，招聘方会通过初试性面试一对一筛选人才，通常仅考察求职者的谈吐风度和语言表达能力，主要需要求职者介绍个人情况，招聘方提出的问题也较为简单，面试速度也会较快。完成此面试后，通过者通常还需要进行复试。

二是标准面试，主要是一对一面试模式，也可能是多对一的面试模式，此类面试会有较为标准的程序和流程。例如，面试官询问对应的面试题目后根据标准进行评分，通常还会有具体的时间控制。这种面试也被称为结构化面试，因问题会较为统一，减少了面试官的主观臆断，所以更加公正公平。

三是综合式面试，通常是由面试官以多种方式来综合考察求职者。例如，运用外语和应聘者进行对话以考察外语水平，运用文章和故事来考察求职者的演讲能力，运用突发意外事件来考察求职者的应变能力等。

四是压力式面试，即面试官会通过一系列针对性的问题有意识地对求职者施加压力，甚至寻根问底，直到求职者无法回答，意在刺激求职者，考验其反应和应变能力。

五是技能测验式面试，通常会模拟实践情况，要求求职者扮演某角色进行处理，考验的是求职者的逻辑性、解决问题的能力、耐心及面对挫折的坚韧性等，也有些是单纯考验应聘者的专业技能和专业水平。

六是讨论式面试，即面试官提出问题，由求职者组成小组进行自由发言和讨论，面试官不会对发言和讨论进行控制，而是会根据求职者的发言次数、意见质量、创新性、合作性、概括性、表达能力、领导能力等表现进行评分。

七是演讲式面试和答辩式面试，通常由面试官提出问题或话题，由求职者自由发挥，考验的是求职者的口头表达能力和逻辑思维能力，以及对问题和话题的敏感性、思维灵活性和应变能力。也可能会将求职者分为正反两方，针对话题或问题进行辩论。

通常招聘方在实际面试过程中，仅采用一种主要面试方式对求职者进行考察，但有时也会将多种面试方式结合，综合考察应聘者，作为大学生需要对各种面试方式做好充分的准备。

（二）大学生面试时应注意的问题

想确保面试过程中拥有良好的发挥和表现，需要注意以下几个方面。

首先，是在面试之前形成自信和愉悦的精神状态并一直保持到面试之时，充分的自信能够推动求职者在面试时保持高度的注意力和充沛的精力，同时也会表现出敏锐的判断力和缜密的思维力，从而更容易在面试中脱颖而出；而愉悦的精神状态则会令身心更加放松，不会过分紧张，从而表现也会更加自然，给人年轻活力的感觉。

其次，在整个面试过程中一定要淡化成败意识，即只要能够将自身最精彩的一面展示出来即可，不要忧心到底能否面试成功，从整个求职过程来看，求职者应该始终保持泰然处之的状态，只要坚信拥有的才能可以与职业相匹配，就一定能够找到与自身契合的工作。

再次，在面试过程中，需要注意树立对方意识，即做到尊重面试官，即使遭遇追问或类似刁难的问题，也要站在对方的角度思考，这是对求职者的考验和职业需求，所以不要针对面试官发泄情绪，而是要表现出对面试官人格上的尊重。另外在自我介绍或表达时，要减少运用"我"字，最好以客观的态度去阐述内容，兼顾招聘方和自身，以拉近彼此的距离。

最后，在面试过程中要注意一些禁忌。例如，避免不当的提问和不良用语，包括答非所问、不合逻辑的回答、本末倒置的追问等，以摆正自身的态度和位置；还需要注意控制自身的不良习惯，包括眼神飘忽和游移不定，手脚晃动和摆动、小动作不断，面无表情且毫无生气，举止不稳重等，这些问题需要及时发现并改正，保持大方得体的平等对话，才能够为面试加分。

二、大学生求职时的笔试

大学生求职过程中，也可能会遇到需要进行笔试的考察模式，相对于面试而言，笔试主要考验的是求职者的学识水平，可有效考核求职者的基本知识、专业知识、管理知识、综合分析能力、文字表达能力等素质，通常会在面试前进行，并最终和面试评分共同成为招聘方评选的标准。

（一）较常见的笔试种类

求职过程中常遇到的笔试种类主要有4种，分别是专业能力测试、心理能力测试、综合能力测试和其他测试。

专业能力测试通常是因为职业岗位具有特定的专业要求，且通过笔试能够更好地体现专业能力，所以会采用笔试来进行评测。例如，求职产品质检员时，最易遇到的笔试问题就是给求职者一件产品，让求职者写一份评价报告；应聘计算机软件编程人员，招聘方可能会给予求职者一定的条件和要求，让其编写一段程序等。不同的职业要求会有不同的笔试方向，求职者需要有针对性地梳理和完善知识体系。

心理能力测试多数被一些跨国公司采用，这些企业虽然对大学毕业生没有具体的特殊要求，却对大学生的基本素质要求较高，尤其是智商水平、心理水平、行为态度等。通常会运用心理能力测试方法，检测求职者的行为动机、兴趣爱好、行为模式、情绪控制、个性等方面的素质。

综合能力测试则是结合前两项测试的一种综合测评方式，不仅会通过测试来分析求职者的心理能力和智商水平，还会对其他能力进行测评，如分析能力、洞察能力、理解能力、解决问题的能力等。

其他测试则是招聘方根据企业自身的特性和对人才的特定需求，进行的并不普遍的笔试测评。例如，国家机关录用公务员实行的就是考试录用，其中笔试比分的占比较高；需要外语翻译人才的企业也会通过翻译笔试来考察求职者的专业能力。

（二）求职时笔试的相关技巧

笔试的最终评分，一方面与求职者平时的知识积累、知识掌控能力、知识复习程度有关，另一方面还和答题技巧有关。

首先，需要求职者调整好笔试的心理状态，并对笔试特性有所了解，最好先分析笔试测评方向，有针对性地发挥自身的知识掌控能力，从而展现出最真实的水平。

其次，拿到笔试试题之后可以根据其题量和题目方向选择合适的答题方法，可以根据题目的难易程度和分量轻重，有针对性地制定答题步骤，在有限的时间回答得更为精准和正确。

再次，有些笔试题目会将实践和理论的结合，遇到这类试题要发挥自身的思考能力和现实结合能力，通过学过的知识发挥联想，对实际情况进行合理且科学的分析，给出最契合实际的答案。

最后，要了解笔试的题型特点，做出有针对性的精细化回答，通常在笔试答题时要突出重点并简明扼要，力求用最简单通俗的答案解决问题。在回答完所有笔试试题之后，需要对存疑的题目进行检查和反思，力求做出最合理的回答。

第七章 掌控·大学生就业初期的自我调适技巧

第一节 大学生就业困难的原因及相关对策

随着近20年来大学毕业生数量逐年增加，中国社会经济发展整体放缓，且经济结构开始进行调整，整个社会环境造成了就业结构的变化，就业形势日益严峻。社会外环境和大学生内在因素的共同影响，造成了大学生就业困难的现状。

一、大学生就业困难的原因

从整个社会发展和大学生特征来看，大学生就业困难的成因主要是由两个层面的因素引发，一个是经济环境变化，另一个则是大学生内在因素。

（一）外环境因素

中国经济整体处于变化和调整的状态，这种状态影响了整个就业外环境，主要体现在以下几个方面。

首先，经济的变化对就业规模产生了挤压效应，尤其是传统支柱型产业处于企业改革阶段，不论是传统企业的加快重组、落后产能淘汰、产能过剩现象等，还是国际经济发展形势剧烈波动、新兴经济体面临着结构调整、出口业大幅下滑等问题，这些都对就业产生了影响。

其次，企业的升级转型和市场预期情况都对就业产生了巨大影响。例如，很大一部分企业的技术创新能力较为薄弱，产品结构的转型步伐非常缓慢与艰难，又受到内外市场竞争的影响，使得很多企业不得不改变竞争策略，甚至有些企业开始控制人员成本，这就造成大量就业岗位缩减，从而影响了整个就业市场。

再次，社会企业和经济环境对大学毕业生的需求越来越高，随着企业转型的推进，中国人才市场整体表现出中高层次人才短缺的问题，社会对复合型人才和开拓型人才的需求极为迫切，即对人才需求层次的重心上移。社会对高端人才的需求大增，造成同层次的毕业生产生了激烈的竞争，为了能够获取高端人才，很多企业开始将准入门槛提升到硕士毕业生和博士毕业生，这就造成一些企业盲目追求高学历人才，导致本科毕业生和专科毕业生就业困难。

最后，大学毕业生的整体能力素质与企业要求存在较大差距，很多用人单位开始对大学毕业生的思想道德觉悟、职业素养、敬业精神、综合素质等提出了越来越高的要求，不再只看重专业，更注重的是个体的品质和综合能力。一大部分大学毕业生尚未转变自身的就业思维和提升模式，根本没有足够的思想准备，从而造成供需要求不匹配，形成了就业困难。

（二）内环境因素

大学毕业生就业困难的现状并非全是由外环境造成，还有很大一部分是受大学毕业生自身问题的影响。

1. 就业心理问题

造成就业困难的主要因素是大学毕业生的就业心理问题。虽然有一部分大学生经历过高校学习，在各个方面，尤其是心理层面更加成熟，培养出了积极的就业动机和强烈的就业意愿，渴望通过就业来实现自身的人生价值，同时也能够在就业市场准确找到自身的定位；但是有一部分大学毕业生却会因为激烈的就业竞争产生极大的心理压力，或者对自身没有准确的定位，最普遍的现象就是很多大学毕业生感觉无法找到"理想的单位和职业"，就业市场上很多用人单位急需人才却招聘不到应届大学毕业生。

从这种普遍现象可以看出，大部分大学毕业生的就业期望值一直居高不下，并不关注职业和事业的未来发展，而是将关注点集中到了高薪、舒适、名气、大城市、大企业、工作条件好、生活待遇高、福利丰富等条件上，不会分析整体就业环境和企业发展模式等。

另外就是很多大学毕业生对自身没有准确的定位，会将职业理想和就业现实混淆，因为对现实情况的了解严重不足，甚至遭遇的社会挫折较少，所以心理承受能力有限，遇到问题就容易出现心理问题，如遇到挫折易打退堂鼓、没有明确发展方向、无法对工作提起兴趣也毫无动力等，这些都严重制约了其职业生涯的发展和起步。

2. 就业观念问题

在大学毕业生中，有很大一部分毕业生就业过程中认为无法找到合适的职业，就业困难的最大原因就是自身缺乏工作经验，从而产生了极大的失落感和迷茫感。

另外就是有很多毕业生期望一毕业就能够进入大公司或大企业，或者体制内行业等，因为这类企业和行业就业稳定性高、收入稳定且发展空间大，而对一些中小型企业或新兴行业不屑一顾，不愿意去参与和了解。

还有一个比较明显的情况就是大学毕业生对企业薪酬的看法更加现实，对薪酬的要求也越来越高，最终造成了高不成低不就的尴尬境地。

这些其实都是由大学毕业生就业观念出现偏差造成的。就工作经验而言，绝大多数企业招聘应届大学毕业生会进行相应的岗前培训和入职帮带，但因为这样的模式会造成巨大的成本投入，所以自然会对应降低薪酬待遇。很多大学毕业生并未对产业情况、行业情况和企业情况进行详细了解，片面地对职业的工作内容、薪酬待遇、工作环境等进行评价后，就草草得出了不适合的结论，不仅是对企业的不负责任，也是对自身的不负责任。

论是哪个职业发展方向，工作经验都是从一点一滴逐步积累来的，根本没有任何捷径可走，因此大学毕业生需要主动完善自身的就业观念，以发展的眼光去看待各种机会，而不是通过片面的分析就仓促决定，放弃机会后又抱怨就业困难。

二、缓解就业困难的相关对策

针对日益严峻的就业形势和大学毕业生就业困难的现状，国家通过扶持类就业政策对其进行转变和缓解，如"大学生志愿服务西部计划""大学生村官""三支一扶""直招士官""应征入伍"等，同时也一直在鼓励大学生自主创业，并给予了很大的支持和引导。

可以说从国家政策方面来看，已经给予了就业极大的支持和促进，在此基础之上，还需要大学毕业生从自身角度入手，即从自身能力、心理素质、就业观念等多个层面进行自我完善，以提升就业竞争力，可以有效缓解就业困难。具体可以从以下几个方面着手。

（一）提高综合素质

大学毕业生应该在充分了解国家就业政策的基础之上，把握好就业形势和就业方向，谨慎选择职业发展方向。同时，需要有针对性地培养和完善自身的综合素质能力，不仅包括扎实的专业技能，而且包括人际交往、团队协作、流畅沟通、实践操作、为人处世、演讲口才、独立思考等方面的能力。

在当今就业形势和社会经济发展情况的影响下，绝大多数企业的用人标准都是非常现实和实际的，尤其一些对操作性和团队协作较为注重的企业，宁可选择一些学历并不太高但具备更完善综合素质的人才，也不会选择仅有单一能力的高学历人才。

所以，根据社会发展的人才需求趋势，应该在大学阶段时就有意识地提高自身的各方面能力，以搭建更加合理的知识架构，成为社会广泛需求的复合型人才，以提高自身的就业竞争力。

（二）制定合理的职业生涯规划

大学生若想让自己的提升和成长更具有针对性和方向性，就需要尽早制定出较为合理的职业生涯规划，并主动展开职业培训。

首先，需要树立正确的职业理想和确定最契合自身的职业发展方向，从而为自身设立一个极为明确的努力目标，根据这些职业目标才能够更加合理地规划学生阶段的学习和实践。

其次，需要挖掘自我认知能力，正确且客观地进行自我分析和职业分析，并有针对性地根据自身的兴趣、爱好、气质、兴趣、能力、性格等，发展和培养出最具竞争力的综合能力。

最后，在毕业前的求职过程中，大学生一定要结合自身的现状，对自身进行正确的定位，应聘时更需要综合结合自身的专业、兴趣、能力、发展潜力等各方面因素，选择对应的应聘单位和职业，并做到职业、薪酬、成长空间、发展方向等与自身相宜。

（三）调整心态克服就业迷茫

从上述分析可以看出，如今所表现出的就业困难，与其说是大学生就业难，不如说是大学生就业迷茫。造成这种情况最主要的因素就是大学生的心态没有调整好，尤其是在择业过程中，部分大学生并非从自身特点、专业特性、发展方向、自身能力、社会需求等层面出发，而是仅看眼前且盲目攀比，从而无法摆正心态，最终导致无法适应就业形势。

大学生就业心态的调整，可以从以下几个方面着手。

首先，择业目标要明确且与自身特征相符，而目标最终的确定，需要一定的实践、反思、分析，切记不可脱离实际确立择业目标，从而打击自身信心，丢失适宜的就业机会。

其次，在确立择业目标和求职过程中，需要先将自我放空，抛却侥幸心理和虚荣心理，不要盲目攀比，根据自身具体情况和现实情况及时调整心态，不因从众心理而改变原有的清晰目标。

再次，求职过程中需要保持空杯心态，将就业期望值降低，找到和自身特征、情况相契合的就业期望值，再去参与就业竞争。若初期就确定过高的期望值、过于理想化，甚至刻意追求完美结果，必然会错失很多机会，最终导致就业困难。

最后，要从整个职业生涯的角度去认知就业，要清晰地认识到就业并不是职业生涯的终点，而是起点，尽早踏入起点并沿着正确的方向发展，才能够在未来的职业生涯中越走越顺畅，并逐步实现自身的职业理想和职业目标。大学生应该明白与就业机会相比，其更需要关注的是自身各项资本的积累，尤其是经验和适应能力的培养，这是未来职业成功的基础。基于这个角度认知就业，大学毕业生可以主动积极从企业基层做起，并努力积累实践经验，推动自身快速蜕变。

（四）借助新媒体灵活就业

随着互联网的快速发展，新兴媒体层出不穷，网络资源堪称无限，借助新媒体的发展和机会，大学生可以挖掘适合自身的就业岗位，甚至自主创业，实现灵活就业并快速走上职业生涯规划的道路，为实现职业理想创造一个精彩的开端。

第二节 大学生择业和就业初期心理调适技巧

大学生就业初期最容易出现的心理问题有自卑心理、自负心理、等靠依赖心理、焦虑心理、怯懦心理、从众心理、攀比心理、虚荣心理等，除这些容易出现的心理问题之外，在择业过程中，也容易出现一些心理问题，如急功近利心理、幻想心理、患得患失心理、悲观心理等。例如，因为没有及时抓住某个对自己绝佳的机会而懊悔不已，从而患得患失，甚至影响到后续的求职，最终造成就业困难，又陷入更加懊悔的境地；因各方面因素进入了并不期望的职业或城市，产生悲观情绪，甚至感觉毫无出路，形成悲观心理，最终无法快速提升，错过更多机会。

当择业过程中出现以上这些心理问题时，就必须要明晰这些心理出现的根源，并主动进行心理调适，将心理状态快速调整为积极进取的正向心理后，才能够在就业竞争中占据一席之地。

一、心理动机

从择业和就业的根源来分析，虽然大学生最终选择的职业各不相同，择业过程中产生的心理也多种多样，但其最核心的心理动机无外乎以下3个方面。

（一）个人生存的需要

从心理学角度而言，职业工作属于劳动的外在表现，是人类个体谋生的重要手段，也是人类社会发展过程中最普遍的现象，并逐渐形成了有劳有得、不劳无获的观念。

因此，职业是满足个人生存需要的方式和手段。通过职业工作的劳动，最基本的目的就是获取合理的经济收益，从而满足自身的生存需要。可以说任何一个大学生想要在社会中生存下去并满足自身的各种需求，工作是最基本也非常必要的手段。

（二）个人发展的需要

正是因为职业和个人生存的关系极为密切，所以在个体整个人生生涯中，职业都占据着举足轻重的地位，除了可以满足个体的生存需求之外，其对人生发展的意义同样重大，能够在很大程度上满足个人发展需求，即实现人生价值和理想追求。

改革开放以后，经济的快速发展和人才流动政策的推动，使大学毕业生开始逐渐注重自己的职业意向，也开始将职业和自身的人生发展相融合，更加关注职业岗位与自身兴趣爱好、性格特征的契合度，期望能够通过职业的发展来挖掘自身的潜能并最终实现个人价值。

（三）社会发展的需要

职业不仅与个体的发展和需求关系密切，同时也和社会的发展关系密切。尤其是大学毕业生，属于国家的高等人才。这些人才的就业一方面是为了满足其个体的生存和价值需求；另一方面则是满足社会发展的需求，为社会的发展尽责任和义务。

毕竟作为个体，其生存和价值的实现与稳定的社会环境、优良的社会发展空间等密不可分，所有在社会之中活跃的个体，通过劳动成果互换来满足自身需求的同时，满足社会上他人的需求，并创造出更加和谐、稳定的社会。

以上3个层面的需求，就是大学生毕业后择业和就业的心理动机，了解了核心的心理动机之后，才能更有针对性地对大学生出现的心理问题进行调适。

二、心理调适及相关方式

大学生在择业和就业过程中出现的心理问题，有很大一部分是因为自身心理承受能力有限，易于受到各种心理干扰，从而导致无法遵循核心心理动机进行择业和就业，造成就业困难。因此，进行心理调适首先需要排除各种心理干扰，之后再运用心理调适技巧对心理进行调整和校正。

（一）常见心理干扰和调适方式

1. 方向感不足、感到未来无望

大学毕业生在就业过程中，容易因就业形势严峻、就业竞争激烈而经历各种从未遭遇过的挫折、失败、困难等，首次切实体验到人情冷暖和人生艰难，不论有没有找到工作，都感到身心疲惫、对职业未来发展没有期望，甚至有些灰心丧气。

在这样心力交瘁的状态下，有些大学生会极为担心自身的能力、状态，以及职业的不确定和发展趋势不明朗，对未来可能遇到的障碍持逃避态度，从而形成了紧张和消极共存的就业心态。

这种心理状态对大学生的职业发展极为不利，尤其无法及时调整好心态，就很容易长时间陷入消极被动的情绪中，从而排斥就业求职，或者在工作岗位没有激情，不仅无法从工作中提升，获取足够的经验和提升，还可能陷入患得患失、力不从心的感受中无法自拔。若发现自己陷入这种心理状态，可以运用以下方法进行自我调适。

（1）梳理就业过程

可以逐步对自己择业和就业的过程进行梳理，寻找择业过程中遇到的同类问题，一点点剖析出就业技巧，在此过程中可以用不同方式先释放和缓解心理压力，如空闲时间游玩散心、将心中烦闷写到文章中、寻找亲友倾诉，在心理压力变小之后，再静心分析。

通过客观理智的分析，通常能够找到各种就业求职过程的相似之处，而个体所感受到的力不从心和心力交瘁，主要来自急于求成和期望值过大、心理压力大想逃避等，期望能够一切顺利并尽快解决这些问题，最终却适得其反，使心理无法承受干扰，压力越来越大。

了解原因之后，再根据经历剖析自身，会发现虽然整个择业和就业过程并不顺利，甚至历经了多次失败，但每次都会有或多或少的收获和成长，自身从心态、观念、经验等各方面都已经更加成熟，这些才是属于个人最宝贵的财富，能够为未来的职业生涯道路提供支持。

（2）广纳经验教训

剖析完自身，了解到自身的成长之后，还可以通过不同渠道和方式吸纳他人在就业求职过程中的经验教训。例如，可以和师哥师姐沟通咨询，也可以和已在社会工作一段时间的亲友交流，或者通过阅读一些社会成功人士的传记，广泛吸纳教训和经验。

虽然他们的经历和处理方式，并不一定适合自身，但至少能够从这些经历之中总结出很多经验、教训，也会发现个体经历的挫折、遭遇的问题、内心的感受等并非特殊经历,而是任何一位成熟的职业人都曾经历的过程。

通过广纳经验教训,个体可以受到更多的启发,从而找到更多适宜的方式来激励自身。从就业过程和人生路径来分析,人若想快速成长并迅速成熟,必然需要经历各种艰难困苦,而且必然需要一个蜕变的过程,只有从失败中获取经验,这些经历才会变得更具价值,从而成为人生路上的宝藏。

(3)尝试构建工作草案

如果尚未确定就业企业和职业,对心理进行调适后还可以为自己构建一个求职草案,如明确职业方向和投递方向,做好面试的准备。

面试的准备需要个体对每次面试失败的过程进行详细分析和反思,寻找问题到底出在哪里,主要从自身表现、态度、行为等着手,发现根源之后要制定对应的提升规划,确保曾经犯过的错不会再出现。并在未来一段时间中对经历过的面试进行反思和思考,从而提高和成长。

如果已经进入职业工作,则可以针对个体情况、企业情况和职业发展,构建未来的工作草案。可以寻求业内人士帮助,如咨询高校就业指导服务中心的专业人士,了解未来工作需要何种素质和能力,可能会遭遇哪些问题等,并有针对性地构建解决草案。

通常情况下,工作过程中越冷静,越容易正常发挥自身能力和潜力,而越担心,个体就越容易失去基本的控制力,甚至连基本能力都无法发挥出来。因此,在工作过程中若遇到问题,需要先梳理问题特征,冷静对其进行分析,努力寻找解决方案并尝试,在实践过程中获取更多的经验,最终可以令个体冷静迎接各项工作挑战。

2. 盲目攀比、过分看重面子

大学生就业过程中,也可能会遇到表现不错却并未找到满意的职业工作的情况,而同学却不时传来捷报,如被某大型企业聘用、获得某职业岗位等。对比之下,个体开始出现失落、失望、不平衡,甚至嫉妒等心理,这些消极心理交织在一起,使个体感到难堪,于是在工作中急功近利,或者立誓要找一个比他人都好的企业和职位等,甚至本来已经就业却冲动离职,只为争回自己的面子。在个体因为以上经历感到难堪时,一定要先冷静,避免因一时冲动做出令自己后悔的抉择,可以通过以下方式进行心理调适。

(1)理智思考,控制情绪

当感受到心境不平稳时,个体首先需要控制自身的情绪,理智对现状进行思考和分析。例如，第一份工作不需要和他人进行对比，即使第一份工作的工作环境或薪酬一般，但若该工作对个体来说最合适，如可以充分发挥个体的能力、获得更多的指点和经验、可以得到企业关注并被倾力培养等，且该工作和自身职业生涯规划、职业发展方向匹配，就需要全身心投入。

所以不要盲目攀比，要从工作能够带给自己的机会等方面进行分析，只要工作能够让自身获得最实质性的成长，能够和自身的职业生涯规划相契合，就应该坚定地走下去，而不要被他人干扰心理状态。走自己的职业道路，才是最适合自己发展的模式。

（2）剖析面子，挖掘心理需求

大学生就业过程中若发现自己过于看重面子，应该及时剖析重面子的核心因素，挖掘自身的心理需求，这样才能有针对性地进行处理。例如，有些人好面子是因为自卑，期望通过比别人更好的职业、地位或薪酬，来提高自己的尊严；有些人好面子是个性使然，期望追求最好，过于争强好胜；有些人好面子，则是因为外界因素对自身的压力和超高的期望等。

通过剖析面子问题，可以挖掘个体内心深处最核心的心理需求，了解需求后，才能做出更有益于自身发展的决策。如果极为盲目地追求面子，而没有内在动力的支撑，所谓的好面子就会令个体的未来发展较为乏力。明晰心理需求之后，可以根据核心需求制定出契合自身发展的模式，这时面子也就不再是需要关注的问题。

（3）"慢"下来，依计划行事

大学生在就业过程中，若过分纠结于面子问题，就很容易过分急切，从而出现浮躁、重表面的心态，最终影响自身的发展，得不偿失。其实，无论是做人，还是工作，都讲究优良的品质，高质量才能支撑个体或企业走得更远更稳。所以，大学生在就业过程中不要过于急切，而是应该适当"慢"下来，在保证质量的基础上追求速度，对于个体未来的职业发展、学习的提升、人际关系网络的建构等，都需要谨慎，制订一个最有助于自身成长的计划，依照计划行事，走得足够稳，才能够走得更远。

（二）大学生的心理调节方法

大学生在择业和就业过程中遭遇各种心理问题后，可以运用以下几种心理调节方法，适当地对心理进行调适，并通过心理调适来影响行为，让自己

第七章　掌控·大学生就业初期的自我调适技巧

更加积极向上，成长和进步得更加迅速。

1. 采用转移方式

转移方式主要有3种类型。第一种是通过转移注意力的形式，对消极情绪和心理适当的回避，并逐渐用积极的情绪和心理将其取代。通常情况下，陷入心理困境或出现心理问题，主要是由一些外部因素刺激造成的，在这种情况下，可以将注意力从这些外部因素转移到其他新的兴奋点和刺激点上。例如，将舒缓的音乐或体育活动等作为新的刺激点，替代原来的刺激点，激活新的兴奋中心，从而快速摆脱心理困境。

第二种是转移视角的形式，有时候外部刺激无法通过回避的方式淡化，这时就可以通过转移视角的形式，从其他角度看待遇到的问题。任何事物都不仅仅具有消极影响，换一个角度也许就会产生积极的影响。例如，面试因遭遇问题陷阱而失败，如果只看到失败将会陷入消极的情绪中无法自拔，从而陷入心理困境；但若从另一个角度看，越早遭遇问题、陷阱，就能越早对其产生警惕，未来就不会再因同类问题、陷阱而失败，即获得了更快的成长，对未来发展具有积极影响。

第三种是转换认知形式，即重新对外部环境信息、内部因素等进行剖析和解释，相当于换一种认知形式对同样的问题进行思考和解释，通过这种方式能够有效减少和消除心理认知和心理体验的冲突，从而缓解情绪和心理压力。同时转换认知形式也能够令个体对问题的观察和认识更加细致和深入。

2. 变通方式和升华

变通方式和升华是在遭遇心理问题之后不对其进行转移和改变，而是通过变通来缓解和升华促进的形式使内心获得平衡和提升。

变通方式是在择业过程中遇到心理问题后，寻找一些较为客观的理由来为自己解释，以起到减轻痛苦、缓解紧张、消除失落等作用，从而令情绪再次平衡和稳定。但这只是一种应急式心理调适技巧，在心理问题得到缓解之后，还需要通过其他方式推动心理向积极方向过渡，以积极心理引导自身提升和发展。

升华方式通常在转移方式和变通方式无法奏效、心理问题长期无法解决时采用。这种情况下，最有效的方法就是进行心理位移，即将固着的消极心理进行升华，用一种高层次且积极的心理将其替代，并再次进行固着，起到改变消极心理状态的效果。

最常用的就是从消极因素中认识到其蕴含的积极因素，如通常所说的"失败是成功之母""化悲痛为力量"等，都是将固着的消极心理升华为固着的积极心理，推动个体奋发图强，跃升到更高的层次。

3.改变目标

改变目标这种方式并不是从心理层面进行调适的技巧，而是通过转移和改变眼前目标、改变行走路径的方式来摆脱消极的心理状态，从而积极进取，向长远目标前行。

改变目标主要有以下两种形式。一种是补偿形式，通常是因为个体的内在因素缺陷，包括专业能力和综合能力等，也可能受到外在环境因素的影响，致使目标的实现动机受挫，不仅无法得到激励，甚至陷入了心理困境。这时就需要个体替换原本的行动目标，可以通过对长远目标的分析和细化，将其更换为同样可以促使长远目标实现的另一个近期行动目标，以跳出心理困境重新出发。另一种是求实形式，即通过分析实际情况，以契合实际的方式调整原本的目标，同时还需要根据实际情况调整自我，包括自我提升、自我激励、改变实现目标的途径和方法等。这种形式的目标调整不会是颠覆式的，而是细微式的，并且是以改变自我和调整自我为主要方法，实现更加契合实际的目标，以便摆脱原本的心理困境。

第三节　大学生就业初期角色转换、环境及人际关系适应

大学生就业过程中，尤其是进入职场获得工作后，涉及角色的适应及转换，以及就业初期环境及人际关系的适应等，这是大学生走上职业生涯的重要一步，也是未来职业生涯发展的基础。

一、就业角色的转换

人的一生中，都会不断在社会这个舞台上扮演不同的角色，不同的身份、地位，都会令个人的角色有所不同，有时还会身兼多种角色。不同的角色都有其特定的要求和期待，也就是处在什么样的位置就需要做什么样的事。

从社会角度而言，角色是社会赋予人的不同权利和义务。例如，学生

的主要任务是学习知识,其主要角色就是学生,同时学生又是父母的孩子,担负着孩子的角色。根据人的社会任务和人生意义的变化,角色也会有所变化,有时就需要从一个角色过渡到另一个角色,这个过程就是角色转换。

作为大学生,在高校中主要担负的角色就是学生,但在不断学习和成长的过程中,其学生角色会逐渐向职业人的角色转换。不过学生角色向职业角色的转换并非一蹴而就,通常是一个较为艰难的蜕变过程。

(一)学生角色和职业角色的差异

通常情况下,角色的转换过程由3个部分组成,分别是角色领悟、角色认知、角色实现;而从学生角色向职业角色的转换,则主要包括取得角色和进入角色两个环节。大学生在校学习和实践期间,会通过接触社会和学习理解,完成角色领悟和角色认知的环节,即明白进入职场需要完成职业角色的蜕变,并对职业角色产生一定的了解,认识到职业角色应该具备的能力和特点。

当大学生进入就业阶段,通过向期望的企业和岗位投递推荐材料,获得面试机会,并最终得到企业的入职通知,即完成了取得角色的环节。自此时起,学生角色向职业角色的转换正式开始。角色转换的过程中,大学生需要先详细了解两种角色的差异,以便快速完成转换。二者间的差异主要体现在以下3个方面。

1. 角色拥有权利的不同

不同的角色会拥有不同的权利,如学生拥有的主要权利之一是受教育权,受教育者在入学、升学、就业等方面依法享有平等权利;父母或其他监护人应尊重未成年人受教育的权利,必须使适龄未成年人依法入学,接受并完成义务教育。

职业角色所拥有的基本权利是依法行使职位职权,并依法获取薪酬的权利等。例如,职员可以按照企业与其的约定,在法律允许的范围内获取对应的劳动报酬,享受休假、企业福利等;国家机关的相关工作人员可以依法行使对应的权利等[①]。

通过对比可以发现,学生角色的依赖性更强,在很大程度上需要父母的

---

① 褚德清,尹克寒,宋婷. 大学生职业生涯规划与就业指导[M].成都:电子科技大学出版社,2019:179–185.

支持和支撑，且拥有的权利具有较强的被动性；而职业角色的独立性更强，当获取角色时，对应的权利就会获得，具有极强的自主性。

2. 角色的义务不同

不同的角色需要履行的义务有所不同。学生角色最主要的义务就是在接受教育的过程中，遵纪守法、勤奋学习、积极进取、肩负富国强民责任，力求成为社会合格的接班人和建设者。除此之外，储备知识并锤炼思想、健全体质并培养人格、积累能量并完成蜕变也是其需要履行的义务。学生履行义务的成效如何，主要是看学生个体掌握的知识量、能力培养的强弱程度等，追求的是德智体美劳全面发展和提高。

职业角色需要履行的义务则是运用自身的知识、经验、智慧、技能等，完成对企业和对社会的服务，较好地安排各种具体的工作事项、担负起职业岗位需承担的职责，为企业和社会做出贡献。职员履行义务的成效如何，主要是看其完成工作任务的质量和速度，为企业和社会所做贡献的大小等。

相对而言，学生角色需要履行的义务主要是针对个体，影响范围小，而职业角色需要履行的义务，产生影响的范围大，如出现失职，都会对企业，乃至社会造成损失和负面影响。若学生角色没有履行好义务，产生的社会影响一般不会太大，而且通过后续的补救措施，通常可以得到妥善处理；而职业角色若没有履行好义务，产生的负面影响会较为严重，不仅会带来较大的损失，而且很难补救。

3. 角色的规范不同

角色的规范，指的是社会环境下为对应角色提供的具有一定标准的行为模式。学生角色的规范，就是通过教育引导，实现学生全方面发展和提升，使学生逐渐成长为社会所需的合格人才的行为模式。职业角色的规范，则会因为角色职位和岗位的不同，产生很大的不同，其中的标准差异性极大，但通常都极为严格，且会依托标准制定不同的奖惩措施，以推动职员能够遵守规范并恪尽职守。

总体而言，学生角色的规范较为宽松，奖惩措施通常不会过于严重；而职业角色的规范则极为严格，若违反且造成严重后果，会进行极为严厉的惩罚，如国家机关单位人员若出现玩忽职守、收受贿赂等违反规范的行为，就会受到法律的制裁和惩罚。

(二)学生角色向职业角色转换的主要变化

从上述内容可以看出,学生角色和职业角色之间的差异极为明显,不仅二者之间的权利、义务和规范有巨大不同,而是在其影响下的个体活动、对个体的要求、个体所承担的社会责任等都有很大不同。

1. 活动方式的巨大变化

学生角色是以学习各种知识、锻炼体魄、培养健康人格和心理等为主要活动,很长一段时间以来,学生角色的特殊性也令其所处的环境极为安妥,多数处在外界赋予角色成长、免受侵害和巨大影响的空间中,即学生的活动环境以校园为主体;而学生的主要活动是学习知识,通过记忆、理解、练习等促使知识内化,是极为明显的吸纳类活动。

职业角色则和学生角色完全相反,其拥有的权利和担负的义务要求其必须在规范允许的范围内运用积累的知识和经验、能力等,向企业等提供劳动,通过劳动来换取对应的报酬。职业角色的活动环境以社会为主体,环境差异性极大,甚至会因为职业的不同而承担不同的风险等,其主要活动是进行能力、知识等的输出,即通过自身的技术、经验、能力等,将已经内化的知识结合现实情况,创造性地发挥和运用,是极为明显的输出类活动[①]。

从学生角色向职业角色转换也是吸纳类活动向输出类活动转变的过程,活动方式的巨大变化,会令绝大多数毕业生难以适应,这也是两个角色顺利转换过程中较大的障碍。

2. 角色要求的巨大变化

不同的角色定位对角色的要求也有很大不同,学生角色和职业角色对应的角色要求差别巨大,主要体现在两个方面:一个是经济和生活的独立性要求;另一个是工作和心理的独立性要求。

在学生时代,学生的主要角色任务是学习知识、锻炼体魄和培养人格,对生活和经济的独立性要求并不高,尤其是经济层面。通常在学习阶段,学生所需要的资金主要都是依靠家庭资助,也可以说对学生角色的独立性要求并不太高。

进入职业生涯时代,学生角色转换为职业角色,已经拥有通过劳动获取

---

① 何具海. 大学生职业生涯规划与就业指导[M]. 长春:吉林人民出版社,2019:210-213.

劳动报酬的能力，在经济和生活方面开始逐步向独立者蜕变。家庭和社会向其提出了快速全面独立的要求，不仅经济上能自给自足，生活上也需要自我照顾，学习方面要能够自我提高和自我掌控，工作方面要独当一面，社会方面则需充分履行责任等。另外，进入职业生涯后，飞速发展的社会也对其提出了更高的要求，包括能够自力更生且自我管理、妥善规划人生并逐步实现价值等。虽然这种全面独立的要求，给予了新晋职业人更加自由和广阔的发展空间和发展道路，但同时也加强了对其的压力。

这种角色要求的巨大变化，对多年一直依赖家庭和学校的学生而言是极大的挑战，但同时也是推动学生快速蜕变和成长成熟的最佳渠道。若学生能够在较短的时间内适应全面独立的要求，不仅对个体未来发展和事业成功有推动作用，而且可以推动个体快速成为社会所需要的建设者。

3. 社会责任的巨大变化

从学生角色转换为职业角色后，其所承担的社会责任也会发生巨大的变化。学生角色需要承担的最主要的社会责任就是在学习过程中对自己负责，且学习好坏只对个体和家庭有影响，对整个社会的影响不会太大；而职业角色需要承担的社会责任则更加全面，也更加重大，不仅需要对工作任务负责，而且需要对企业负责，还需要承担对应的社会责任，即对由工作失误造成的社会危害负责。因为作为职业人其工作过程中的行为、态度、工作质量等都会产生对应的影响，如销售过程中对顾客冷漠会引发顾客反感，从而影响企业经营，进而使同事、企业的发展受到影响，甚至会遭受公共舆论的批判等。

（三）角色转换的方法和问题对策

从学生角色向职业角色转换，是一个艰难且持续的过程。进入职业生涯后，首先需要从姿态方面做好准备，其次要根据角色转换过程中遇到的障碍采取相应的对策，最后通过准确的角色转换途径和方法，完成角色的转换，迎接即将到来的职业生涯。

1. 姿态准备

新晋职业人进入职场之后第一步需要从姿态方面进行角色转换，一方面树立正确的职业认知，另一方面积极主动地进行自我调整，做好准备，以全新的姿态去迎接职场的挑战和蜕变。姿态的准备需要从以下4个方面入手。

首先，要调整好自身心态，降低自己的姿态去面对职场。虽然作为大学毕业生具有较高的知识储备和良好的学习成绩，但都是过去的收获，在职场上的实践经验较少。因此，必须要拿出在学校学习的心态，降低自己的姿态，在工作中心怀感恩并虚心请教，同时遇到问题和困难要先凭借自身的经验去解决，实践永远是检验真理的最佳手段，多思考、多咨询，全身心投入新工作，自然会有收获且进步飞速。

其次，要秉承少说多做的行为准则，尤其是在进入职场后听到质疑或不信任的声音，不要急着反驳，应该谨言慎行，通过工作展示自身的价值，用实际成果赢得尊重。信任通常都是双向的，只有在工作中尽职尽责，树立责任意识，勇于承担工作的责任，才能够赢得同事的信任。在职场需要注意的一点是"万千反驳不如一份成果"，最终的业绩才是在职场稳步立足的最佳手段。

再次，新晋职业人进入新的职场环境，要主动适应环境，尤其是已经形成较为稳定团队的企业，团队行事风格、领导者特性、企业模式等都具有自身的特点，作为新人应该主动揣摩，尽最大的努力快速融入职场环境，与同事和谐共处，共同向同一个目标前进。

最后，进入职场仅仅代表个体成功开启了职业生涯，并不意味着已经成功。要清楚地知道未来职业生涯道路还极为长久，激烈的竞争会继续，想实现自身的职业目标、人生价值，就要不断加强学习并充实自身，树立终身学习、不断进取的意识。一方面可以适应职场的竞争；另一方面也能不断提高自身的竞争力，最终实现自己的职业理想。

2. 角色转换障碍及对策

大学生毕业之后，在进入职场进行角色转换的过程中，有时会由对角色的特性把握不准且认知模糊造成角色转换障碍，若不及时处理很容易导致角色转换失败，影响职业生涯的发展。通常比较容易出现的角色转换障碍有以下几种类型。

第一种是对自我的评价过高且不切实际，无法真正放下身段从职场基层做起。有些大学生会认为自己毕业于高等学府，能力和知识已经足够成为职场中的扛鼎之人，从而表现出眼高于顶、夸夸其谈，甚至目中无人。这种心态会使新晋职业人无法放低身段，从而无法从实践之中获得真正的能力和经验。

第二种是对学生角色过分依恋。留恋过去拥有的角色是多数人的习惯和心理,大学毕业生的这种感受更为强烈,毕竟十几年的学生角色并不会一朝改变和舍弃。虽然学生角色需要一个较长的过程才能逐步转换到职业角色,但是有一部分新晋职业人容易长期沉溺在大学时代的回忆中,无法从学生角色的定位中脱离,依旧会从学生角色的角度去考虑在职场中遇到的问题和事件。因为看待问题的角度不同,所以很容易造成处理方式与工作环境脱节,从而影响职业生涯的发展。

第三种是目标不确定,对自身角色的定位不准。在角色转换过程中,如果不能精准定位,并明确自身的目标,就无法找准努力方向,甚至一会想做这些,一会想做那些,最终找不到适合的发展道路,影响职业生涯的发展。

针对以上这些角色转换障碍,可以通过以下几个方面缓解和解决,并找到最适合自身的角色转换方式。

首先,要保持归零心态,毕竟在职业工作方面新晋职业人没有任何经验,所以要放下所有的架子,将自己当作小学生般从头学起。姿态放低就容易和他人打成一片,并能够快速积累更多的经验。

其次,学会观察和思考,作为新晋职场人,需要眼观六路耳听八方,通过观察发现问题,并根据职场前辈的处理方法思考最佳的解决方法,甚至可以尝试解决问题。经过长期的观察和思考,就能够提升自身能力,并完成角色转换。

再次,无论进入的职场是否是个体期待的发展方向或企业,都应该稳定心态,安心做好本职工作,尽快适应职场环境并找到工作规律,认识工作的流程和特性,为后续的职业生涯发展打下基础。一定要注意,任何职业及岗位都拥有其独特之处,都可以对个体未来职业生涯的发展产生促进作用。

最后,态度才是成功的基础,培养自身干一行爱一行的态度,以积极乐观、乐于奉献的态度去面对工作。尤其是新晋职业人更应该培养积极的工作态度,通过对工作强烈的责任感和使命感来推动个人的职业发展。

(四)角色转换的适宜方法

就业过程中的角色转换,并非完全从进入职业生涯才开始,而是自大学生毕业之前就已经开始,整个过程贯穿毕业前和进入职场后的试用期。

1. 大学生毕业前的角色转换准备

大学生毕业前就应该做好角色转换的身心准备，很多时候新晋职业人无法快速完成角色转换，主要是因为没有足够的心理准备和清晰的心理定位，缺乏良好的转换心态，从而造成角色转换不顺畅。

其实在大学生毕业之前就应该先对自我进行清晰的认知，并做好自我定位，通过对职业的了解和自我的深入认知及定位，能够更好地完成角色转换的心理准备。在求职过程中，多数大学生会遭遇各种择业困难、求职困难、面试挫折、不公待遇等，因此还需要学会及时并恰当地进行自我心理和心态调适，要清楚地明白求职路上遇到困难和挫折在所难免，而绝大多数困难和挫折都能够转化为个体的经验，促进个体成长，只有心胸开阔、心态平稳、乐观积极，才能够在困境之中找到有益于自身的宝藏。

2. 进入职场后试用期的角色转换方式

当大学生进入职场后都会经历试用期，虽然试用期相对个体的职业生涯而言极为短暂，但其很大程度上决定着个体未来职业生涯道路是否顺畅。之所以称为试用期，对企业而言是一个考验和考察的过程，而对于新晋职业人而言，是一个快速熟悉和学习的关键阶段。虽然试用期并不会太长，但这段时间却能够带给个体丰富的学习内容，尤其是职业学习内容。

通常情况下，新晋职业人经历了高校的学习生涯，更习惯学校中偏重基础知识和普通技能的学习方式，因此进入职场后会感到手足无措，乃至无所适从。进入职场后对新晋职业人最关键的一点就是任何工作任务都需要行动和实施，要将知识和实际相结合。

除此之外，基本的职场礼仪、交际技能总结汇报、基本公务（写工作报告、发电子文件、使用办公用品等），都需要新晋职业人放下姿态努力学习。

通过上述方式，能够推动新晋职业人快速实现从学生角色向职业角色的转换，并顺利适应职场环境和工作特性，成为一名真正意义上的职业人。

二、就业环境及人际关系的适应

大学生获得职业工作岗位之后，除了需要进行快速的角色转换，还需要加强就业初期对职业环境、人际关系的适应，这是影响未来职业生涯发展的关键因素。

(一)就业初期职业环境的适应

大学生走上新的职业岗位后,有一个对新环境、新任务、新模式的适应过程,即对环境进行认识、对工作进行认可,此过程也被称为大学生的职业适应期。

1. 大学生的职业适应期

职业适应期有长有短,根据个体不同的适应能力和调适能力会有所不同,但通常都有以下4个阶段。

一是大学生获得职业时的兴奋期,在就业形势极为严峻的情况下,毕业生得到了企业的垂青,拥有了职业及岗位,不再为毕业去向担忧,自然会对新的职业、环境、工作等充满好奇,通常心情都会愉悦而激动,处于兴奋状态,因此称为兴奋期。

二是进入职场之后,因为职业理想和职业现实的不匹配所产生的冲突期。通常大学生会对未来拥有极为美好的构想,对职业生涯同样如此,当正式进入职业生涯后,理想和现实的反差极易令其产生强烈的思想认知冲突。除此之外,大学生还会遇到个人能力和工作能力、自我评价和社会评价产生的冲突,即自我感觉良好,自我评价较高,但工作效率和质量都无法令人满意,他人对其评价褒贬不一,从而形成了较大的心理矛盾,易令其进入冲突期。

三是冲突的出现和激化推动毕业生主动进行自我调适,自此开始进入协调期。协调期是大学生产生职业生涯差距的关键时期,冲突的持续下,有一部分人会逐步放下原本不切实际的幻想,开始寻找完全融于职场环境的方式;有一部分人则会冷静思考,并深入挖掘自身特性,思考自身与社会环境的内在关系,并重新调整自身的职业生涯规划,再次树立更贴近实际的目标;还有一部分人则开始放弃对职业理想的追求,选择逃避现实,用妥协、得过且过来掩盖自身的失落感和忧郁感等。

四是通过自我的反思和调适,逐渐适应新的职场环境和工作模式后的稳定期。该阶段个体开始对外在人际关系圈精细化筛选,并将关注度和精力逐渐集中到从事职业的具体工作上,并逐步培养对职业工作的兴趣且稳定下来,其中一部分人会协调企业内部的人际关系,逐步培养自身的职场人际圈。

2. 职业环境的熟悉和适应

相对而言,职业适应期越长,对大学生的成长越不利,快速完成适应

第七章 掌控·大学生就业初期的自我调适技巧

期的蜕变，才能够更快地适应新环境，并依据职业目标按部就班的提升与成长，因此任何一个大学生都应该尽可能缩短职业适应期，这主要与个体的独立生活能力、人际交往能力、专业技能水平、社会活动能力、工作责任心和态度有关。

不论上述能力的水平如何，任何一个大学生在职业适应期都需要完成熟悉和适应职业环境的过程。熟悉职业环境是快速度过职业适应期的基础，对于任何一个大学生而言，面对新的环境和新的人群，只有尽快了解，才能够令自身适应工作，从而逐步稳定下来。通常熟悉职业环境有以下3个内容必须快速了解。

一是企业的情况，包括企业的规章制度、发展态势、内部架构、部门关系等，尤其是熟悉规章制度，这是任何职业人都需要遵守的规范，也是融入职业环境所需要完成的第一步。这些内容都是个体完成本职工作必须知晓的要素。

二是工作的具体环境，包括企业的周围外部环境，如企业所处地理位置的特性、交通情况、超市商场情况等；企业的内部环境，如各部门及其办公室的分布、卫生间位置、功能室的情况和位置等。这些细节看似不起眼，却对高质高效完成工作有巨大的影响。

最后是具体的本职工作，即企业安排给个体的本职工作到底是什么，需要了解工作内容、工作步骤、工作过程、工作评审方式等，通过对本职工作的了解，结合对企业情况和工作环境的了解，熟悉和规划工作资源，争取早日适应企业的工作模式。

（二）就业初期人际关系的适应

大学生进入职场后，会面对新的人群。对于企业中原本就存在的众人而言，新人相对较少，且因为其已经对职场足够熟悉，所以对新人的了解会更加快速；而作为新人而言，其他同事都属于陌生人，在这样的环境中，大学生必须要快速适应职场人际关系，从而尽快融入职场。具体可以通过以下方法来适应人际关系。

1. 初步了解同事情况

刚进入职场时，需要多观察多请教，少说话多倾听，通常可以从同事之间的沟通中，了解同事们的基本信息、明晰企业中人际关系的情况。要尽量做到快速记清同事们的姓名，简单了解同事们的工作内容和工作关系，以便为自身的工作打好基础。

2. 对同事多理解但谨慎支持

进入职场一段时间后，会逐渐对同事的情况拥有一定了解，包括同事的性格、兴趣、生活状态等，作为同事不能渴求对方为自己效力，出现工作上的误解或争执，需要多从对方角度思考，多理解同事。

另外，虽然在职场工作需要足够的热情，但对同事的做法要谨慎支持，即对同事的观点、思想等不能盲目遵从，而是要具有自己的思考和想法，在广泛听取周边同事建议和想法的同时，也要拥有自己独到的见解和看法，培养自己独立思考的能力，以便为后续的职业生涯发展奠定基础。

3. 对领导先尊重后磨合

进入职场之后，会与企业内部的各级领导层打交道，在对领导了解不深的初期，要清楚地知道对方能够成为领导必然拥有其过人之处，不论是其工作经验还是待人处世，必然拥有值得借鉴和学习的地方，因此作为新晋职业人要放低姿态尊重领导的能力和特性。

在尊重领导的基础之上，随着时间推移和彼此了解的深入，可能会发现领导的一些缺点和错误，尤其是工作方面应该逐渐和领导磨合，不必唯命是从，而应该拥有自己的想法和风格。需要注意的是向领导提出自己的观点和建议，只是本职工作中很小的一部分，在提出观点时一定要给予对方足够的尊重，有礼仪、有分寸地提出适当的建议，才更容易让领导接纳。向领导提出建议并非职场中的主要工作内容，大学生更应该尽力去完善自身，以职业生涯规划为标准步步为营，逐步向属于自己的职业理想和职业发展方向努力。

参考文献

[1] 周清,何独明.大学生职业生涯规划与就业指导[M].北京:北京理工大学出版社,2019.

[2] 何具海.大学生职业生涯规划与就业指导[M].长春:吉林人民出版社,2019.

[3] 刘玉升.大学生职业生涯规划与就业指导[M].苏州:苏州大学出版社,2018.

[4] 褚德清,尹克寒,宋婷.大学生职业生涯规划与就业指导[M].成都:电子科技大学出版社,2019.

[5] 谢菲.大学生未来时间洞察力、时间管理自我监控与学习投入的关系研究[D].南京:南京邮电大学,2020.

[6] 王樱岚.大学生精准就业指导模型的研究与实践[D].大庆:东北石油大学,2020.

[7] 郭晓冉.当前我国大学生择业观教育研究[D].成都:电子科技大学,2017.

[8] 许珂瑶.大学生职业生涯规划问题与对策[J].合作经济与科技,2021(22):86-87.

[9] 杨阳.新媒体背景下强化大学生职业生涯规划教育[J].教书育人(高教论坛),2021(30):26-28.

[10] 顾盼盼,刘政,陈玲.新时代辅导员指导大学生就业路径探析[J].现代商贸工业,2021(32):75-76.

[11] 王丽.如何构建大学生精准就业服务体系[J].人才资源开发,2021(20):45-46.

[12] 鲍敬敬,薛会来,赵利勇.高校大学生就业外促内生动力机制研究[J].商业文化,2021(29):136-137.

[13] 刘薇.大数据背景下的大学生就业指导精准化探析[J].创新创业理论研究与实践,2021(18):145-147.

[14] 翟雨翔,王佳,杨红娟.高校大学生职业生涯规划体系构建研究[J].大众标准化,2021(18):188-190.

[15] 罗特.职业生涯规划在高校毕业生就业创业工作中的作用[J].人才资源开发,2021(18):54-55.

[16] 肖玉梅.职业生涯规划视角下大学生就业困境及策略研究[J].就业与保障,2021(17):80-81.

［17］李红霞.以职业生涯规划为核心的大学生全程就业教育体系研究[J].产业与科技论坛，2021（18）：271-272.

［18］梁山.基于职业锚理论的经管类大学生就业指导研究[J].西部皮革，2021（17）：51-52.

［19］王学臣，周琰.大学生职业生涯规划影响因素与教育对策[J].中国成人教育，2021（17）：28-32.

［20］阿丽亚·阿布都拉.经济新常态下大学生的就业探索[J].教育信息化论坛，2021（9）：91-93.

［21］季小燕.大学生职业生涯的职业兴趣探索[J].现代职业教育，2021（36）：142-143.

［22］杨洁，缪海燕.新生代大学生职业生涯规划能力提升研究[J].科教文汇（下旬刊），2021（8）：28-29.

［23］廖小慧.新时代大学生就业指导实践创新路径[J].人才资源开发，2021（16）：54-55.

［24］董兰国，宁利红.大学生职业生涯规划能力与创新创业能力提升路径研究[J].科教文汇（中旬刊），2021（8）：27-29.

［25］李畅.大学生就业指导服务的多元主体协同机制创新[J].产业与科技论坛，2021（16）：227-228.

［26］景文秀，张雷.论职业生涯规划在大学生就业指导工作中的作用[J].就业与保障，2021（15）：66-67.

［27］成翠雄.基于职业生涯规划的大学生创新创业教育模式探索[J].就业与保障，2021（15）：88-89.

［28］季小燕.职业生涯规划在大学生就业指导工作中的应用[J].现代交际，2021（15）：145-147.

［29］王芸芸.高校就业指导服务体系构建探析[J].大学，2021（30）：151-154.

［30］卢勃如，胡雪健."互联网+"视域下大学生就业指导分析[J].今日财富（中国知识产权），2021（8）：229-230.

［31］孙宇涵.大学生就业指导存在的问题及对策[J].教育信息化论坛，2021（8）：106-107.

［32］关顺贤，韩培淳.关于当前大学生"慢就业"问题的探讨[J].辽宁科技学院学报，2021（3）：103-104.

［33］黄冬梅，王瑞欣.基于职业生涯规划视角的大学生就业力提升路径探索[J].经济研究导刊，2021（13）：98-100.

[34] 汪贞. 大学生职业生涯规划全程化培养的策略研究[J]. 商展经济, 2021（8）: 131-133.

[35] 陈晴. 大学生职业生涯规划与心理健康的关系研究[J]. 学园, 2021（11）: 87-89.

[36] 徐成龙. 基于积极心理学理念的大学生职业生涯规划教育研究[J]. 家庭生活指南, 2021（4）: 181-182.

[37] 谢程坤, 杨书通, 刘欢, 等. 网格化大学生职业生涯规划与就业指导体系的构建[J]. 就业与保障, 2021（5）: 73-74.

[38] 任梦羽. 高职院校大学生职业生涯规划体系的建设[J]. 就业与保障, 2021（4）: 102-103.

[39] 郎健. 大学生就业指导发展的对策思考[J]. 大众标准化, 2021（2）: 116-117.

[40] 田蓉. 大学生就业指导工作体系构建研究[J]. 中外企业文化, 2021（1）: 179-180.

[41] 孙宏艳. 职业生涯规划教育: 帮大学生找到发挥自我潜能的路径[J]. 现代青年, 2021（1）: 61-63.

[42] 林清兰, 陈良波. 新时代大学生职业生涯规划能力培养的途径分析[J]. 科技视界, 2020（36）: 89-90.

[43] 赵洪涛, 孙凯, 滕艳杰. 大学生如何制定职业生涯规划[J]. 科技资讯, 2020（32）: 251-253.

[44] 邵宝文, 王桂波. 大学生就业文化培育探析[J]. 文教资料, 2020（31）: 37, 63-64.

[45] 彭汉生. 职业生涯规划在大学生就业指导工作中的重要作用[J]. 就业与保障, 2020（20）: 55-56.

[46] 李颖. 大学生就业指导中法律素质提升对策研究[J]. 法制与社会, 2020（25）: 129-130.

[47] 余晟鹏. 移动互联网时代, 大学生就业指导新趋势[J]. 人力资源, 2020（16）: 114-115.

[48] 胡进, 王磊, 何琴. 大学生参与就业指导影响因素及对策[J]. 合作经济与科技, 2020（16）: 118-121.

[49] 买固如·买买提, 阿肯努尔·达那别克, 李亚杰. 利用新媒体创新大学生就业指导工作路径[J]. 记者观察, 2020（21）: 90-91.

[50] 许泽民, 施建华. 微媒体背景下大学生就业指导工作研究[J]. 就业与保障, 2020（11）: 55-56.

[51] 郭文坚. 在大学生就业指导中培养意志品质的研究[J]. 就业与保障, 2020（11）: 47-48.

[52] 黄宇飞. 大学生就业现状及对策研究[J]. 青年与社会, 2020（17）: 130-131.